［英］温斯顿·丘吉尔—著　　李国庆等—译

CHURCHILL'S MEMOIRS OF WORLD WAR II

丘吉尔二战回忆录

陈兵太平洋

SPM 南方传媒　｜　广东人民出版社

· 广州 ·

图书在版编目（CIP）数据

陈兵太平洋 /（英）温斯顿·丘吉尔著；李国庆等
译. -- 广州：广东人民出版社，2024.8. --（丘吉尔
二战回忆录）. -- ISBN 978-7-218-17972-8

Ⅰ. K835.617=5；K152

中国国家版本馆 CIP 数据核字第 2024L2E141 号

QIUJI'ER ERZHAN HUIYILU · CHENBING TAIPINGYANG

丘吉尔二战回忆录·陈兵太平洋

[英] 温斯顿·丘吉尔 著　李国庆等 译　　　版权所有　翻印必究

出 版 人：肖风华

责任编辑：范先鋆　宁有余
责任技编：吴彦斌
封面设计：贾　莹

出版发行：广东人民出版社
地　　址：广州市越秀区大沙头四马路 10 号（邮政编码：510199）
电　　话：（020）85716809（总编室）
传　　真：（020）83289585
网　　址：http://www.gdpph.com
印　　刷：三河市人民印务有限公司
开　　本：787 毫米 × 1092 毫米　1/16
印　　张：11　　字　数：162 千
版　　次：2024 年 8 月第 1 版
印　　次：2024 年 8 月第 1 次印刷
定　　价：58.00 元

如发现印装质量问题，影响阅读，请与出版社（020-87712513）联系调换。
售书热线：（020）87717307

《丘吉尔二战回忆录》 译者

（排名不分先后）

李国庆	张　跃	栾伟霞	曾钰婷	刘锡赟	张　妮
李楠楠	汤雪梅	赵荣琛	宋燕青	赖宝滢	张建秀
夏伟凡	王　婷	江　霞	王秋瑶	郑丹铭	姜嘉颖
郭燕青	胡京华	梁　楹	刘婷玉	邓辉敏	李丽枚
郭轶凡	郭伊芸	韩　意	李丹丹	晋丹星	周园园
王瑨斑					

战争时： 意志坚定
战败时： 顽强不屈
胜利时： 宽容敦厚
和平时： 友好亲善

致 谢

我必须再次向协助我完成前几卷的各位致以友好的谢意；他们是陆军中将亨利·波纳尔爵士、艾伦海军准将、迪金上校、爱德华·马什爵士、丹尼斯·凯利先生和伍德先生。我也再次向审阅过原稿并提出宝贵意见的其他人士表达最诚挚的谢意。

伊斯梅勋爵和其他朋友也不断给予我帮助。特此致谢！

撰写本卷①所需的某些官方文件王家版权归英王陛下政府文书局局长所有，承蒙英王陛下政府准许，这些官方文件的文本才得以复制，特此致谢。遵照英王陛下政府的要求，为了保密起见，本卷中所刊载的某些电文有所改动。但是这些改动并未改变原有内容。

美国海军预备队塞缪尔·埃利奥特·莫里森上校所著关于海军战斗的一些书生动展现了美国舰队的作战行动，我在此也要向他表示谢意。

罗斯福财物保管理事会允许在本卷中引用总统的一些电文，还有其他好友同意发表其私人信件，均一并致谢。

---

① 原卷名为"命运的转折"，现分为《陈兵太平洋》《进犯南亚》《攻守易形》《营救非洲》《非洲的胜利》《形势逆转》六册。——编者注

前　言

就我亲眼所见，在"铁血风暴""最光辉的时刻"和"伟大的同盟"各卷①中我曾讲述过引发第二次世界大战的几个重大事件：纳粹德国征服欧洲，德国进攻苏联、日本对美国发动猛攻后才使得苏联和美国成为我们的盟国，我军才不再孤军奋战。

岁末年初之时于华盛顿，我和罗斯福总统在海陆军顾问的支持下宣布建立伟大同盟，并为未来作战制定主要策略。现在我们必须应对日本的进犯。

这就是1942年1月17日，我刚刚抵达普利茅斯的情况，本卷（《陈兵太平洋》《进犯南亚》《攻守易形》《营救非洲》《非洲的胜利》《形势逆转》）所要讲述的内容也由此开始。本书依然从英国首相的立场出发，同时因我兼任国防大臣而在军事上负有特殊使命。另外，我仍然倚重一系列的指令、电报和备忘录，这些材料在成文的时刻具有重大意义和利害关系。我也想不出更好的言辞去重述。这些原始文件都是在紧急事件发生时由我口授的，既出自于我手，我希望大家可以通过这些真实材料来评断我的功过。事后诸葛亮很容易，但我还是希望历史学家能深思熟虑，在适当的时候给出一个评价。

我之所以把这一卷称为"命运的转折"，是因为在这一时期我们从接连战败变得战无不胜。在前六个月中，诸事不顺；但在后六个月中，一切顺利。而且，这一可喜的转变一直持续到了战争结束。

温斯顿·丘吉尔
于肯特郡，韦斯特勒姆，恰特韦尔庄园
1950年1月1日

---

① 现分为十四册。——编者注

目录
CONTENTS

第一章

ONE

澳大利亚之忧

战争的新形势——胜利终归我们——英美在太平洋孤立无援——日本对澳大利亚、新西兰的潜在威胁——柯廷先生向罗斯福总统请愿——鲍登先生报告：新加坡告急——柯廷先生在《墨尔本先驱报》发文——我全权负责我国物资分配——第一护航队顺利抵达新加坡——战局全览——太平洋战争委员会在伦敦和华盛顿开始运作

第二次世界大战的第二个年头——1942 年——战争形势对英国来说已迥然不同。美苏两位强大的盟友在侧，英国孤军奋战的日子已经结束。虽参战原因各异，但美苏两国都将义无反顾地同英国一道，奋战到底。只要联盟承受得住压力，保持一心；德国对新式武器的研究无所精进，最终的胜利终将属于我们。诚然，交战双方彼时都在暗中研究一种新型战争杀器。而后来，正如我们所知，原子弹的秘密终归还是被更强势的盟国一方所破解。虽然战争的前路尚未可知，血腥残酷的战事无可避免，但我们终将夺得最终的胜利。

现如今，"伟大同盟"被迫接下日本的一记重拳。蓄谋已久的日本做足了准备，向英美前线（如果可以这么叫的话）发起猛攻。无论何时，要说日本能战胜美国，都没人会信，但美国却在菲律宾群岛上受到重创。英国和倒霉的荷兰在东南亚和太平洋受挫不小。而正忙于应战德军主力的苏联受日本影响甚微，只不过是少了英美本计划用于援助苏联的军队和物资罢了。很长一段时间，英美两国都要遭受失败的折磨，这虽不会影响战争的最终结果，两国人民却着实要吃些苦头。英国兵力都被牵制在别处，英国本土毫无御敌之力。美国的资源虽几乎无穷无尽，但还仅仅在开始组织阶段，目前也疲于应战。对英伦三

岛的我们来说，形势似乎越来越糟。但稍加思索便清楚，此战必胜。

＊　　　＊　　　＊

尽管新落在英国身上的担子越来越重，英国本土却很安全。相较而言，澳大利亚和新西兰却可能瞬间成为炮火前线，两国预感到，他们很有可能遭受敌人的直接袭击。对他们来说，过不了多久，战争就将从派遣部队远赴重洋支援祖国于危难之中变为自卫。这个新的强敌直捣澳洲并非难事，而澳洲大陆要防御无边无际的海岸线却是难于登天。澳大利亚所有大城市均在滨海地带，而且，其仅有的四个精锐义勇师和新西兰师，以及所有的优秀军官，都已被派去遥远的大洋彼岸。转瞬之间，太平洋的制海权就落在了日本手中，再夺回来却不知道要多久。澳大利亚的空军形同虚设。整个国家笼罩在惶恐不安的气氛中，然而澳大利亚内阁却只专注于自身安危，这怎么能不让人心生疑惑？

如此危急存亡之际，就连联邦政府成员及其专业顾问也都感觉得到，澳大利亚联邦正面临灭顶之灾。即便如此，他们依旧各怀鬼胎，并未团结对外。这点一直以来都令人费解。不仅如此，他们僵化古板、反应迟钝，以致地方政治的统治牢不可破。工党以两席的优势上台执政后，不仅垄断了行政权，甚至还禁止为保卫本土所进行的征兵，这些党派性的决策与澳大利亚的民族精神背道而驰。到目前为止，我们需要在尽可能保障澳大利亚安全的同时，在全球战略上保持真正的平衡，而工党的所作所为使我们的任务更加艰巨了。

此卷中令人忧郁的记载，须从我与时任澳大利亚总理的柯廷先生的通信说起。起初，在是否抽调驻托布鲁克的澳洲军队这一问题上，我们二人的商谈并不愉快。二战后期战局好转后，他来到了英国，随着我们对他了解的加深，大家都被这位杰出的澳大利亚人的品性所征服，柯廷先生得到了大家的尊敬和爱戴。我也同他私交甚笃。唉，只可惜他英年早逝。再回到我们正叙述的这个时候，当时，我承受着来自方方面面的重压，对和他在许多重要问题上产生的严重分歧过分在

意。我的这些焦躁情绪，难免显露在电文中，现在想来，着实后悔。

我在华盛顿时，澳大利亚驻华盛顿代表凯西先生向我递交了不少柯廷先生和澳大利亚外交部部长伊瓦特博士发来的电文。以下电文柯廷先生也同样给罗斯福总统发去了一份。

1. 澳大利亚国难当头，我希望能借二位为我们的共同目标磋商的机会，说说自己的看法。

2. 关于苏联问题，我已致电丘吉尔先生。我认为苏联问题与对日作战关系密切，希望二位会商时加以重视。

3. 现在，我要说说我对另一个问题的看法，这个问题更为紧要。

4. 所有的报告都清楚地表明，日本已经取得了北马来亚的制空权和制海权。驻防该地的英军势单力薄，仅有一个澳洲师。因此，我们已派遣三支空军中队前往马来亚，两支空军中队前往荷属东印度。当地陆军必须得到空军支援，否则，希腊和克里特岛的悲剧势必重演，新加坡也将面临灭顶之灾。

5. 一旦新加坡沦陷，菲律宾群岛将孤立无援，荷属东印度亦将沦陷。野心勃勃的敌军也会企图围剿其他基地。这也意味着，在这一区域内的印度洋和太平洋之间的交通会被切断。

6. 这一挫折将对我国利益造成严重损害，对美国也一样。

7. 在我们看来，英国决定派往马来亚的增援不过是杯水车薪，尤其是飞机方面，作战飞机更是少得可怜……少量增援几乎无济于事。说实话，英美政府能提供多少增援，就有多少力量在马来亚抵抗日军。

8. 我国勇士们已浴血至今，并将奋战到底，但必须得到充分的增援。我国有三个师在中东作战；我国空军正在英国和中东作战，同时也在加拿大受训。我们已经向英国、中东、

印度运送了大量资源。此时此地，我们资源实属不足。

9. 解此燃眉之急完全在您的能力范围之内。如果美国政府需要，我们非常乐意在太平洋地区接受一位美国海军司令官指挥。总统也曾说过，澳大利亚的战略意义将越来越重要，如果要保住这个战略基地，新加坡必须得到增援。

10. 我们虽面临极大困难，但仍向马来亚派去了增援。

11. 我非常希望此事能成为当前要务，尽快得到解决。

1941 年 12 月 26 日

伊瓦特博士已从英联邦驻新加坡专员鲍登先生处拿到这些报告，并转交给我，证明情况属实且事态严重。

从今天看过的这些报告中可以看出，空中形势日渐恶化。昨日，为迎战日本三四架飞机，英国付出了八架战斗机的代价。

眼下，吉隆坡和瑞天咸港是我方先遣部队的着陆场，作对空侦察之用。然而，日本空中优势明显，我们连空中侦察都很难维系。为保卫岛屿和军事基地，我方大部分战斗机已向新加坡撤退。不过，空军指挥官表示，由于载有战争急需的增援部队、人员和物资的海军护航队即将抵达，他必须派出战斗机护航队保驾护航。无奈之下，只能放弃对新加坡的防守。

报告还指出：

我必须强调，从马来亚保卫战的形势恶化中可以看出，整个防御体系（在某个方面）面临崩溃。新式战斗机虽已如期装箱运至，但我们要花上几周的时间进行组装，还要时刻防范被炸毁的风险，无法拯救当前局势；新来的增援部队也

如期抵达，虽能缓解前线部队的作战压力，但也无法从根本上改变战局。目前，英国防御重心是保卫海军基地，于是，马来亚的绝大部分战斗机和防空部队被安排在了新加坡。由此，澳大利亚皇家部队等先头部队便处在了孤立无援的境地。

事实上，现在为增援马来亚所做的防御措施不过是做做样子。在我看来，要想拯救新加坡，就只能即刻从中东调集强有力的援军、大批最新式战斗机以及受过充分训练的作战人员。成旅的增援部队是不够的，必须要成师的部队火速抵达才能起到作用。强有力、现代化、效率三点缺一不可。如果安于现状，在我看来，新加坡要不了几周便会沦陷。只有立刻采取能从根本上改变局势的有效行动，新加坡和马来亚的澳大利亚皇家部队才能幸免于难。

我并不清楚，澳大利亚公使来访是否会对现在的局势产生影响。事实摆在眼前，如果得不到及时增援，新加坡必将陷落。已来不及花几日时间思索，我们必须在几小时内决断并采取行动。

1941 年 12 月 26 日

伊瓦特博士补充道，根据他的判断，鲍登总结出的战争形势确切无误，"如果不按他的建议行事，只会迎来最糟的结果。"

＊　　　＊　　　＊

12 月 27 日，柯廷先生在《墨尔本先驱报》发表署名文章，此文被敌人利用，在全球广泛传播。文章中讲道：

现在有种说法是，太平洋战场必须被视作整场战争的次要部分。这样的言论我们拒绝接受。我们的意思不是说，其他战场都不如太平洋战场重要，而是我们澳大利亚要求各方

协定一项计划，以集民主国家之力共伐日本。

因此，澳大利亚政府将太平洋之战视作一场主要战争，并认为，制订此战场上民主国家作战计划时，发言权应属于美国和澳大利亚。

我要毫不顾忌地说明，美国是澳大利亚的希望。虽与英联邦渊源颇深，我们却并不会因此负疚。

我们清楚，英国目前面临着种种问题；我们清楚，敌人入侵的威胁时刻存在；我们清楚，兵力分散是多么危险。但是我们也清楚，澳大利亚或将沦陷，英国却不会。

因此，我们一定要保住澳大利亚，我们必须全力以赴，制定一个以美国为核心的作战方案，给我国坚持下去的信心，直至胜利的天平向我们倾斜。

总结起来，澳大利亚的对外政策将是争取苏联的援助，与发挥关键作用的美国一道，并联合英国、中国和荷兰的武装力量，制订出一项太平洋作战计划。

美国上层圈子和加拿大都对此文反响极差。我确信，文中焦虑情绪的宣泄虽然可以理解，但那并不能代表所有澳大利亚人民的心声。第一次世界大战期间的澳大利亚总理、澳大利亚联邦统一党领袖 W. M. 休斯先生（有名的比利·休斯）便在此文发出后，即刻声明道："对澳大利亚来说，认为英国的支援不如其他伟大盟国重要的想法，是一项极为错误且危险的政治决策，这无异于自取灭亡。"澳大利亚国内就此文展开了激烈辩论。我从华盛顿向艾德礼先生致电道："我希望此文引起的风波就此而止。同时，我们也将竭尽所能为其提供援助……"我在心中反复权衡，是否应直接向澳大利亚人民作一次广播演说，这个过程是痛苦的。然而，我又同时将落在我身上的责任全部承担了下来。"我希望您能尽力将所有问题搁置，待到我回国后解决。这样所有的反对声都由我一人承受……如果马来半岛因利比亚和苏联的缘故孤立无援，没人比我更应该对此负责，但如果重新来过，我还是会做

同样的事。假如议会中对此有疑问，希望能说明，我特别要求在我回国后，由我亲自回应，倘若能够如此，我会十分高兴。"

我即刻就军事形势问题向柯廷先生复电：

首相致柯廷先生：

　　韦维尔将军的指挥区域仅限于当前战事正激烈的作战区域，因此，澳大利亚、新西兰和美澳间的交通线均不受其指挥。事实上，没有一条交通线是韦维尔将军负责的。当然，在我们资源允许的情况下，一定会为这些关键地区和交通线提供保护。在我们看来，这些交通线，包括可直达澳大利亚和新西兰的岛屿，都应由美国海军负责守护。我们也正在迫切呼吁将此事落实。海军上将金不久前才开始统领美国海军，还未接受我方意见。显然，如果我不能说服美国人承担这项责任，我们还是会继续尽力而为。诚然，我还是希望美方能接受我方意见。果真如此，我方或者澳方在此区域的所有船只，在该地区作战时都须听从美方指挥。从未有任何一方想将新界定的西南太平洋战区作为盟国主要战场，我不知道您的消息从何而来。

　　我在夜以继日地工作，只希望为保障你方利益和安全，做出最妥善的安排。而面对其他战场和其他威胁，我们还要从有限的资源中腾出部分以作防范。就在不久前，您还强烈要求为在中东地区作战的澳大利亚军队提供顶级的装备。中东战场前景虽好，但毕竟战事尚未结束。当时，我们尚未确定日本是否会参战，如果那时就把飞机、坦克等装备调到马来半岛，而有损于奥金莱克的战役，岂不是愚蠢至极？苏联和奥金莱克大胜后，高加索危机得以缓解，且以暂时牺牲中东战场为代价（这点您已知道），这才腾出了可观的增援部队向你们提供支援。现在，马来亚成了战场，做此安排也确实合理……

1942 年 1 月 3 日

柯廷先生和我之间的交流持续了一段时间。

澳大利亚总理致首相：

　　日本竟能轻取马来亚全境（除柔佛外），且要想守住这片面积不大的区域，在总司令看来，势必要承担一定的风险。这样的消息无疑令人担忧。

　　可以看出，决战的使命要落在澳大利亚第八师身上。澳洲政府坚信，这支部队将秉承澳大利亚皇家军队的优良传统，打出高水平一战。即便如此，我极力恳请您，按照我原来的建议和您自己的意愿，尽可能为我们提供更多的援助。我尤为关心空军力量能否到位。为了避免重蹈希腊和克里特岛战役的覆辙，避免人民的不满，您必须早做安排。

　　您很快就将得知，澳方同意将澳大利亚第六、第七师，连同军直属部队、给养和基地机构，从近东调到荷属东印度群岛。

1942 年 1 月 11 日

　　为了进一步消除澳大利亚政府的疑虑，我向其详尽地解释我们在东南亚战场统一指挥政策的动机。离开华盛顿前夕，我对当前情况做了总结。

首相致澳大利亚总理：

　　1. 在我们同德国和意大利殊死搏斗之际，如果被日本夺去制海权，守住马来亚想必无望。目前最重要的战略要地是新加坡要塞及其腹地。在我看来，我担心为争取时间在马来半岛进行的后卫战，会消耗保卫新加坡这一长期作战所需的兵力。共有四个师的兵力参与了这次作战，这四个师中，一个师已被歼灭，一个师受到重挫。他们的牺牲，为我们争取到了一到六个星期的时间。也许会有人认为，还不如当初早

点撤兵，至少能减少损失。

2. 无疑，我们有责任尽全力向最高统帅的决定提供支持。我们现在所处的位置与战区相隔甚远，因此很难判断到底是牺牲丰盛港，在半岛西北边作战，还是现在就将全部军队撤退至半岛要塞处。韦维尔的看法得到了三军参谋长的支持，我个人也很认同，我相信您也会认可他的大部分看法。

3. 我相信，你们的军队必将以最高昂的士气迎接接下来的战斗。为了保卫新加坡及其腹地所做的各项安排皆在进行中。载着第四印度旅及相应运输工具的两支护航队已经抵达。13 日，载着英国第十八师主力旅的护航队也将抵达。这支主力军队的四千五百名士兵只能通过仅有的一艘运输船横渡巽他海峡，我难免有些担心。无论如何，希望他们按时就位，与澳大利亚兄弟并肩作战。我会将本次作战的详细信息以及军队抵达日期一并发给您。韦维尔希望能在 2 月下旬进行反攻，现在看来这有可能实现。

4. 想必您知道，我曾提议将两个澳大利亚师从巴勒斯坦调到同澳大利亚利益直接相关的新战区去。这番安排唯一的阻力在于船舶，所以我们将尽全力从国内调遣兵力将他们换下。

5. 因克里特岛和希腊溃败而来的指责，我一律不接受。我们一直在国内全力应付现有的危机和进犯。我们平息了一切党派分歧，开始实施普遍义务兵役制，不仅适用于男性，也同样适用于女性。为支援远东战场，我们牺牲了两艘最优秀的舰艇，这使我们悲痛万分；但我们又尽全力组织剩余力量，进一步提供力所能及的海上援助。据报告，截至 1 月 7 日，利比亚一战，大英帝国共牺牲军官一千二百名，士兵一万六千名，我军虽然军事力量不强，但仍有可能在沙漠地带继续守卫前沿阵地。阿盖拉附近似乎要有一场大战。在同你们长期英勇作战的士兵换防后，我们成功解放了托布鲁克。

我希望你们在评价这些英勇抗战的战士时能尽量体谅他们，他们视澳大利亚人民的生命财产高于一切。

1942 年 1 月 14 日

至少还有好消息：

首相致柯廷先生：

　　昨日顺利按时抵达新加坡的兵力有：关系重大的护航队（含美国运输舰"蒙特弗农"号），载有五十架"旋风"式飞机，一个反坦克团，五十门大炮；一个重型高射炮团，五十门大炮；一个轻型高射炮团，五十门大炮；英国步兵第五十四旅，共约九千人。

1942 年 1 月 14 日

弗雷泽先生也表示了他的忧虑，对此我复电如下：

首相致新西兰总理：

　　1. 如往常一样，我欢迎您坦率地表达自己的观点，也欣赏您分析时总站在公平公正的立场。您的观点我大都是同意的。

　　2. 一直以来，新西兰政府和人民都将这次战争的情况看得清楚并且愿意提供帮助；此次战争在欧洲小范围内开始，一步步蔓延到全世界，此刻马上就打到新西兰家门口了。

　　3. 如果在过去，您曾认为我们毫不关心您的需求，虽然事实绝非如此，那么此次我向您保证，伦敦与惠林顿之间虽距离甚远，但我们会一直记挂着你们的安危，一定会在危急时刻向你们伸出援手。

　　4. 我相信，如果因时间所限，我无法对您的每条看法都进行透彻研究，您一定会理解。通过我们二人的通信，您将

会了解到英美正向您派去陆空增援部队。此外，我希望您能对成立新的澳大利亚和新西兰海军战区一事表示支持。

不仅如此，美国正在考虑尽快向远东地区调集大批陆军和空军。

5. 但是，您也不能期待我说大话，许诺一些无法实现的增援；远东战局终将扭转，但这需要时间，所以您也别期望我能立刻改善局面。

6. 我们过去对太平洋地区和新西兰的局势过分自信，未能判断出可能遭到的危险，害得你们被误导，我感觉得到您因此事对我们不满。可是，没人料想得到 12 月 7 日战事刚开始，美国海军舰队就受到了重创，随后，我们又损失了两艘优良的军舰。

这场战争中，意料之外的情况频频出现，但也不是所有的情况都对我们不利。我不太相信，德军参谋部能一直料事如神。就比如，希特勒坚信自己对战事走向判断精准，而大不列颠战役、大西洋战役以及苏联的顽强抵抗想必对他冲击不小。

1942 年 1 月 17 日

*　　*　　*

很快，我收到了柯廷先生对我 14 日发出的电报所作的回复。

澳大利亚总理致首相：

1. 我想不明白，我写给您的电报中哪句话透露出，我们认为马来亚在没有海军优势的情况下就能守住这样的观点。

2. 恰恰相反，如果您查看 1941 年 12 月 1 日澳大利亚政府在第一次新加坡会议上所作的报告，就会发现我们不幸一语成谶。当时报告内容如下：

"代表团一致认为，当前，在远东缺乏主力舰队的情况下，该战区面对日本大举进攻时，能用于保卫马来亚的兵力和设备完全不够。"

3. 英国三军参谋长所做部署如下：

（1）提供保卫马来亚所需的陆军。

（2）提供（1）中部队所需的所有装备。

（3）提供"能为马来亚提供相当程度安全保证"的空军。

4. 我们已竭尽所能在陆军、空军以及物资方面为该地区提供增援，且不断要求加强全方位的防御工作。现在存在着对这些安排过分自信的骄傲情绪。在日军快速推进的局面下，这种情绪很是危险。这就是我为什么在（12月5日）电报里提到，情况不容乐观。

…………

6. 早在1937年，英国就曾向澳大利亚保证，一定会使新加坡成为坚不可摧的要塞。1933年帝国国防委员会视察新加坡防御体系时，澳大利亚高级专员指出：如果新加坡沦陷，或是主力舰队无法使用，后果将不堪设想。他表示，整个澳大利亚防御体系的最后一道屏障，便是领土完整的新加坡，加上一支可用的主力舰队。他还补充道，如果这样的前提无法成立，澳大利亚恐怕无法单凭海军的力量抵御外敌入侵，这种情况下，就需要增派陆空军事力量以防范危机。我现在又把这些搬出来讲，只是想陈述清楚，我们一直对英国和局部防御的理念深信不疑。如今，凭借我们所掌握的有限资源，我们是无法在太平洋战场上履行承诺的，这也对我们与其他战场进行合作的决策产生了影响。

7. 我对克里特岛和希腊问题的评论并没有责备你们的意思，我更没有对任何人妄下评断。但不可否认的是，你们未能遵守承诺，增援足够数量的空军……我之所以坦率地向澳大利亚人民说清楚现在的局势，是因为我想还是让他们认清事实为好，不要以为诸事顺利，以致后来真相大白时，幻想破灭。

8. 没有人比澳大利亚人民更敬佩英国人民所做出的卓越贡献。不过，我们不会为我们所做的努力辩解，也不会为您认为我们没做到的事情辩解。正如您所知，大英帝国的每个国家和地区情况不尽相同，资源优势各异，自会面临各自特有的难题……

1942 年 1 月 18 日

尽可能体谅澳大利亚联邦政府的恐慌及围绕在其周遭的危险，是我应尽的职责。然而，我不能容忍的是，澳大利亚各政党，尤其是工党，竟在战前疏忽防御，采取绥靖政策。下述电报总结了我的立场，应当将它附在此处：

首相致柯廷先生：

1. 感谢您如此坦陈和直言。对于战前疏忽防御和绥靖政策的问题，我不承担任何责任。我已在野十一年，早在战争打响的六年以前，我便不断发出警告。而另一方面，1940 年 5 月我任职首相，自那之后决定战争的首要任务和资源分配的责任便全部由我承担。从那时起，我们便想方设法，尽自己最大能力，源源不断地向中东运输援军、飞机、坦克。我认为中东战区的局势比新辟的美、英、荷、澳战区更为紧急，同时，必须履行向苏联运送军火的诺言。日本的下一步计划虽无法预测，但我相信，只要日本向你我发起进攻，美国必将参战，澳大利亚的安全必然会得到保障，最终的胜利也必将属于我们。

2. 就在三个月前，澳大利亚皇家部队所驻扎的中东还面临着被两面夹击的危险，西部有隆美尔军队的威胁，北部高

加索、波斯、叙利亚、伊拉克接连溃败。以往的军事经验告诉我们，面对此般困境，我们需要集中力量向一侧敌人发起进攻。在我看来，我们需在集中剩余资源，尽可能在构筑最牢靠的地中海—里海前线的同时，击溃隆美尔军队。以我们现有的资源去维持那一整条战线远远不够。随后，我们以微弱优势击溃了隆美尔三分之二的有生力量，肃清了昔兰尼加地区的军队。事实上，直到奥金莱克接替了坎宁安，战争僵局才被打破。

3. 虽然我不能保证全歼隆美尔的部队，可是我们至少获得了一次实质性的胜利，我军不仅脱离了危险，还解放了一些重要军队。同时，出人意料的是，苏联的大举抵抗行动为我们赢得了一段相当长的喘息时间，地中海东岸—里海前线尤为受益。这样一来，我们就有时间把印度第十七师和其他之前部署在地中海—里海前线上的印度步兵师，连同英国第十八师及第七、第八两个澳大利亚师，还有一些全副武装的飞机和装甲部队，从中东战区调至远东战区。我们正在全力推进此事。您可以想象，如果我们被隆美尔打败，高加索、巴库油田和波斯都落入敌手，我们的境况将何其悲惨。我确信，当日本尚未行动时，便将同隆美尔作战的军队调往马来半岛增援，一定会是个错误的军事决定。想要保全每一个地方，就没有一处会强大。

4. 我们应当心存感激，原因有三：一、苏联夺取胜利；二、大败隆美尔；三、日本在进攻我们的同时，也进攻了美国。令我们过去、现在和将来面对骇人风险的责任，理应由那些没有意识到纳粹威胁，没有在其萌芽状态就将其铲除的在职及在野人士承担。

5. 1941年年关之际，谁都没料想到，英美海军会遭受一系列的重大灾祸。美国海军在短短一小时内就失去了在太平洋的优势，又过了一个小时，"威尔士亲王"号和"却敌"

号被击沉。这样一来，日本暂时获得了太平洋战场的制海权，而我们很可能还要在远东面对更为残酷的考验。在与你们休戚相关的新一轮危机中，我本应派遣三艘地中海的快速战列舰，连同四艘"皇家"级战列舰和刚刚修好的"沃斯派特"号组成一支印度洋舰队，前去助你们防守。这样一来便可最大限度地保护你们。

6. "巴勒姆"号被击沉的消息我已提过。现在又必须告诉您另一个坏消息："伊丽莎白女王"号和"英勇"号的水下部分被"人控鱼雷"损坏，一艘要停运三个月，另一艘要停运半年。我们的敌人目前还不知道上述三艘军舰的情况，我们当然不能让他们知道，所以，请您务必保守这个秘密。

7. 不过，如今的糟糕状况终会结束。5月份，美国在夏威夷就将拥有一支超级舰队。如果美国方面需要，我们也会不惜加重自身负担，支持他们将两艘新型战舰撤离大西洋。我们已从四艘新式航空母舰中抽出两艘调往印度洋，可能还会增加一艘，"沃斯派特"号即将到达印度洋，"英勇"号也紧随其后。这样一来，只要不幸事件不再增加，印度洋和太平洋上海军力量的对比，必将对我们有利。日军将来再开展海外军事行动，也就没有现如今的自信了。与此同时，我们正设法在地中海地区加强空军力量，以解决战舰匮乏的问题。美国抽调大西洋兵力增援太平洋，使得大西洋力量大为减弱。如今，依赖"安森"号的抵达和"约克公爵"号的完工，大西洋的困窘将得以缓解。

8. 我们决不能惊慌失措，更不能互相指责，而应团结一心，共克时艰。请不要怀疑我对澳大利亚和新西兰的忠诚。我不能为将来许任何承诺，我相信我们将面临巨大的考验；但同时，我前所未有地充满希望，我坚信我们可以身披荣光，安然无恙地从黑暗的深渊里走出来。

1942 年 1 月 19 日

总理复电如下：

澳大利亚总理致首相：

1. 非常感谢您的详尽回复，我们唯有全力合作方能报答。

2. 正如您过去能预测欧洲局势一样，我们认为，我们对太平洋局势的了解，比伦敦方面要更清晰。

3. 很不幸，事实证明我们对马来亚的看法是正确的。据戈登·贝内特的报告所示，我们的形势正不断恶化，这使我非常不安。

4. 您所提出的长期规划很是鼓舞人心，但我们的迫切需求就在当下。盟国即将对日本展开大规模反击，可是要把他们从占领区驱逐出去，我们的军队可能也会受到重创。

1942 年 1 月 22 日

澳大利亚方面宣称，对于远东地区来自日本的威胁，他们的了解和预测比我在伦敦的所见所闻更清楚。这种说法的正确性，只能从战争全局出发加以考量。澳方自然有责任集中精力研究他们目前的战略形势，然而我们却得为全局着想。

* * *

为实现澳大利亚、新西兰和荷兰政府在抗日作战中全面持久的配合，我们提议在伦敦设立一个机构。现我将该机构的最终运作模式向澳大利亚和新西兰的两位总理作一个报告。

远东委员会构成人员级别应在部长级以上。我将担任主席，委员会成员包括掌玺大臣（即国防委员会代表）达夫·库珀以及澳大利亚、新西兰、荷兰各国代表。澳大利亚代表

暂定厄尔·佩奇，新西兰代表（初期）或是一名高级专员，荷兰代表为内阁大臣。远东委员会将与英国联合计划委员会共同商讨相关事宜，自治领联络官的参谋小组则予以协助。委员会的职责是将各代表国的意见汇总后向主席提交报告，并将主席的意见递交至委员会。当然，就算目前涉及澳大利亚事务，这也绝不会对厄尔·佩奇出席内阁会议造成影响。您是否同意我的观点？我也正在同弗雷泽以及荷兰政府商讨此事。

2月10日，太平洋作战委员会召开第一次会议。会议由我主持，出席本次会议的有掌玺大臣、外交大臣、荷兰首相（P. S. 格布兰迪博士）、荷兰大臣（乔基尔·E. 密契尔·范·维杜纳）、厄尔·佩奇爵士（澳大利亚代表）、W. J. 乔丹先生（新西兰代表）、艾默里先生（印度和缅甸代表）和三军参谋长。在随后的会议中，中国也派了代表出席。会议的主要任务是"重新考虑在太平洋地区所实施的广泛的基本对日作战方针"。

1942 年 1 月 19 日

在罗斯福总统领导下，华盛顿方面设立了另一个太平洋作战委员会，两个太平洋委员会之间保持着密切联系。1943 年 8 月，委员会在伦敦召开了最后一次会议。随后，原有常设机构恢复了对战争的指挥权。诚然，太平洋作战委员会给了在常设机构中没有席位的国家话语权，让它们共同参与到了战事的磋商之中。

不久，这一切便被一系列灾难性的事件所打乱。

第二章

TWO

沙漠战场受挫

隆美尔向阿盖拉撤退——缺乏交通工具——致命的1月——奥金莱克计划在2月中旬进攻——拜尔迪耶和哈尔法亚携一万四千名俘虏向我方第三十军投降——隆美尔开展武力侦察——震惊：班加西完了！——隆美尔乘势追击——撤出班加西——我军后撤三百英里——命运的反复无常——英国装甲部队的数量和质量——第一装甲师事件——逆转：影响深远

　　前文中讲到，经过长期准备，奥金莱克将军在北非沙漠地区获胜，解除了托布鲁克的困境。访问华盛顿期间，我谈及奥金莱克将来的行动时，本以为可以满怀信心。然而，隆美尔却有条不紊地将其部队撤到了加柴拉以南。在该地，他遭遇了由戈德温—奥斯汀将军指挥的第十三军。三天的战斗之后，12月16日，隆美尔军队被迫沿着至班加西的海岸公路撤退。我们的机动部队从沙漠的侧翼迂回包抄，试图阻截隆美尔。然而天气恶劣，道路崎岖，尤其是给养不足等问题使得此次行动以失败告终。敌方军队一路被第四英印师追击，吃了不少苦头，但终归还是抵达了班加西。敌军武装部队穿过梅基利沿沙漠撤退时，遭到了我方第七装甲师追击。不久，警卫旅也赶来支援。

　　彼时，我们都希望去年大胜的一幕可以重演。当时，意大利军队从班加西向南部撤退的道路被我军向安特拉特快速挺进的部队切断，我们也借此俘获了大批敌人。然而，目前状况下，我们根本不可能及时找到一支强大的部队。敌军也吸取了之前的经验，变得分外警觉。因此，当我们的先头部队抵达安特拉特时，察觉到该地的敌军防守极为严密，我军已无法再前进。借着这道防线，隆美尔将其部队尽数撤

至阿杰达比亚，一边抵御我们的进攻，一边在阿盖拉排兵布防。1月7日，他轻松将部队撤至阿盖拉。

当时，第十三军的补给已经用尽。恶劣的天气状况加上敌机侵扰，使得班加西港迟迟无法正常使用。不得已，我们只能经陆路从托布鲁克向先头部队供应物资，运来的物资远远不够。因此，第四英印师也被困在了班加西，无法南调，能够用来对抗阿盖拉的兵力，只剩下了警卫旅和第七装甲师。1月中旬，我们从国内调来第一装甲师接替第七装甲师。一段时期内，这些部队因实力不足，无法修建防御工事，进不可攻，退无法守。

*　　　*　　　*

一年之后，又在这个鬼门关，军事灾难再度降临，粉碎了1942年英国在沙漠战场的所有行动计划。这个致命的1月究竟发生了什么，需要好好讲讲。

1月9日，奥金莱克将军说完军事部署后，发电报给在华盛顿的我，电报内容如下：

> 以下是敌军可能采取的作战行动。他们将死守阿盖拉—马腊达战线。意大利第十军和布雷西亚、帕维亚两个师守卫阿盖拉地区，德军第九十轻型师将予以增援。敌军将派遣意大利机动部队，连同特兰托、的里雅斯特两个师和德军第九十轻型师驻守马腊达，以防止我军从南面包抄阿盖拉。德军第十五和第二十一装甲师，可能还有阿里埃特装甲师作为后备力量，随时准备发起反攻。

次日（1月10日）来电：

> 昨日，警卫旅（两个营）仍被敌军牵制在阿杰达比亚西

南十二英里处。

当时，有白宫地图室可用的我，想看出这些表面平静的电报背后的深意并非难事。

首相致奥金莱克将军：

你收到这份电报时，恐怕敌军七个半师中的大部分兵力已摆脱围困，现在正沿着交通线撤退。我也收到报告，九艘一万吨的商船已安全抵达的黎波里。当然，你原本有信心一直沿着阿卜德这条路线前进，能切断隆美尔的意大利步兵部队，但现在看来，你未能如愿以偿。这会对"杂技家"计划（长驱直入的黎波里）产生何种影响？我坚信你和你的军队已经竭尽所能，但是我们必须直面眼前的事实："体育家"和"超体育家"计划将因此受到严重影响。

1942 年 1 月 11 日

这里须要再次指出，海战对第八集团军的命运影响极大。继 K 舰队（马耳他舰队）惨败后，12 月 19 日，在的黎波里附近的水雷区，"海王星"号巡洋舰覆灭。这样一来，满载重要供应物资的敌军舰队得以在海上横行，并能在关键时刻补给隆美尔军队。

请务必牢记，如果魏刚将军乐意，"体育家"会是我们向他所在的法属北非地区增派援兵的作战计划。为此，我们让一个装甲师、三个野战师和一支相当大的空军分遣队整装待命，一接到通知，即刻可从英国启程。魏刚和维希都没有积极回应我们的提议，但我们一直希望隆美尔被彻底击败，我们得以进军的黎波里进而直捣突尼斯后，两位将军的态度会有所转变。"超体育家"则是英美两国干预法属北非地区的又一计划，这一计划的规模要大得多，罗斯福总统也对此计划极为支持。12 月 16 日，我就在文件中提出把"超体育家"计划当作1942 年英美在西部地区的主要两栖作战行动。对我而言，敌人在阿杰达比亚的顽强抵抗和向阿盖拉的稳步撤退，远比阻碍我们在沙漠西行要麻烦得多。事实也是如此，纵观我和总统讨论的全部话题，这一点对我们分外不利。然而，从奥金莱克将军之后的电报来看，诸事顺利，决战很快就会到来。

奥金莱克将军致首相：

1. 我认为，大部分敌军已经逃脱我方掌控这样的说法并不对。事实上，虽然敌军还以师为单位，但实际上不过徒有虚名。比方说，我们所知道的德国第九十轻型师，原有九千人，现在只剩下三千五百人，仅剩一门野战炮。

2. 我估计德意原有队伍中摆脱我方的不超过三分之一，算下来也就一万七千名德国人加一万八千名意大利人。他们组织涣散，既缺乏高级指挥官，又缺少物资，加上还要不断应付我方追击，早已力竭，当然也不太可能像我们所想象的，兵力能达到三万五千人。

3. 我有理由认定，近期，六艘舰船（每艘平均载重七千二百吨）已经抵达的黎波里。

4. 我确信，促使我们加紧推行"杂技家"计划的原因很多，一个重要原因是为了继续同时在苏联和利比亚两条战线上夹击德国军队。我向您承诺，我不会轻举妄动，里奇将军也不会。但是鉴于苏联前线捷报频传，我认为我们应当竭尽所能，继续在利比亚施压。我确信敌军的处境比我们想象的更加艰难。

1942 年 1 月 12 日

奥金莱克将军致首相：

1. 敌军似乎已彻底退至梅尔赛—卜雷加港—马特克斯—季奥芬—阿盖拉地区，其正在东线和南线迎战我方部队。通过我们对敌军战略部署的了解，看得出他们的编制和作战单

位数量不多。此时，他们把德军仅有的物资贡献了出来，以加强意大利残余各师的力量。

2. 班加西算是一个开发程度较好的陆地基地。即便如此，该地天气恶劣且一直没有好转，碰到沙尘暴肆虐的天气，能见度几乎为零。受此影响，基地的物资装卸、运输难度颇大。

3. 里奇将军正在继续实施他的作战计划。我希望，不久之后，更强大的兵力能集结前线。敌军日渐式微，内部也愈发动乱。

1942 年 1 月 12 日

首相致奥金莱克将军：

非常高兴收到你 12 日的来电。今天我将信件交给总统过目。我认为，积极向前推进，逼迫敌军在阿盖拉—马腊达战线上进行战略决战的决定非常正确。不管结果如何，我都会一直支持你。

1942 年 1 月 13 日

1 月 12 日到 1 月 21 日，隆美尔的军队在阿盖拉阵地严防死守，控制着从地中海沿岸一线一直到名曰"利比亚沙海"及以南长约五十英里的缺口。这条战线上遍布盐田、沙丘还有小峭壁，非常有利于防守。敌军已做好一切防范措施，包括利用地雷和铁丝网加强防护。奥金莱克将军深知在 2 月中旬以前尚不能攻下这个阵地。在此期间，他派遣警卫旅两个主力营和第一装甲师的支援部队同隆美尔的军队周旋。此外，梅塞维将军指挥的英国第一装甲师的剩余部队正驻扎在九十英里开外的安特拉特。这些部队，连同驻扎在班加西及其以东地区的第四英印师组成了第十三军，由戈德温—奥斯汀将军统一指挥。第十三军分布广且散，补给困难，导致前线力量薄弱，支援部队距离遥远。我方也没有埋设地雷或设置路障来保卫前线。按照计划，如果隆美尔反攻，我们的前锋部队将全部撤退。然而，奥金莱克将军不相信隆美尔有能力反攻，他认为我们有充足的时间加强兵力和统筹补给工作。

奥金莱克将军致帝国总参谋长：

1. 显然，敌军以阿盖拉为中心巩固其周围的阵地……据估计，敌军前线总兵力有：德军一万七千人，野战炮五十门，反坦克炮七十门，中型坦克四十二辆，轻型坦克二十辆；意军一万八千人，野战炮一百三十门，反坦克炮六十门，M13型坦克五十辆，约为原有兵力的三分之一。

2. 我们的前线部队，包括警卫旅、第一和第七两个装甲师的支援部队①、四个装甲车团、第二装甲旅，正与敌人全线作战，巡逻队也已到达阿盖拉—马腊达一带。

3. 最近，敌军只加大了空中作战力度，这可能是由于船只到达的黎波里后，燃料短缺的形势有所好转。我方空军依旧积极攻击敌军目标，以掩护港口和前线军队。敌机继续向我方港口和班加西以东的公路交通线发起攻击，却并未造成严重破坏。

4. 班加西港口的运输尚算顺利，虽然天气恶劣，海上波涛汹涌，对运输有所耽搁，但是军队补给最终还是送到了。

1942 年 1 月 15 日

*　　*　　*

没过多久，就传来了消息，拜尔迪耶、赛卢姆和哈尔法亚带着一万四千名俘虏和大量战争物资向我第三十军投降，我军伤亡不到五百名。与此同时，我军一千一百名士兵也获得解救。

---

① 1 月 19 日，即在敌军进攻前两天，第七装甲师支援部队奉命撤回，重新整编。

＊　　　＊　　　＊

　　从百慕大飞回国之前，我没有再收到什么更重要的消息。同总统告别时，我感受得到，我们二人在北非进行军事大冒险行动的想法愈发合拍，后来也证明确实如此。尽管新战役打响前的休战期，明显比我们估计得要久。但我抵达伦敦后，收到的依旧都是好消息。

　　虽刚回国，就有一堆事要处理，但我还是坚持准备一次大规模议会辩论。我上次在下议院作了长篇演讲后，世界范围内又发生了许多大事，现在理应向全国作个报告。我从报纸上看到的新闻，和我每天至少阅读一小时的其他材料中发现，不满和忧惧的情绪日益明显，这些作者普遍认为我们没有做好充分准备，以应付日军在东部和远东的突袭。在公众看来，北非的沙漠之战似乎进展顺利，我也很高兴能有向议会说明事实真相的机会。我请求同僚们给我充足的时间。

＊　　　＊　　　＊

　　不幸，奥金莱克低估了敌人恢复元气的速度。秋季，坚决果断的空军少将劳埃德率领着马耳他岛上的皇家空军，向意大利港口和舰船发起进攻，为陆战的胜利做出了贡献。但12月，西西里岛上的德国空军中队向其发起了集中袭击，这支部队不幸落败。这段时间，海战不断失利，海军上将坎宁安所率舰队受到重创，一段时间内，无力阻止敌军通过的黎波里航线进行海上运输。所以，敌方可以毫无障碍地运送各种物资给隆美尔军队。1月21日，隆美尔派出三支部队，每队约有一千名摩托化步兵，在坦克支援下发起武力侦察。侦察部队利用我方部队间的空当鱼贯而入，而在那时，我方部队根本得不到坦克掩护。于是，戈德温—奥斯汀将军不得不下令退至阿杰达比亚，而后再从敌军自安特拉特前往姆苏斯的路上进行堵截。

　　23日，我收到了一个坏消息。

奥金莱克将军致首相：

1. 显而易见，隆美尔早已预料到我方行动，所以才会在
1 月 21 日向东移动。当他发现阻拦他的不过是轻型部队时，
他毅然决定，以打乱我们主要的交通线为目的，继续向前推
进。他似乎认定，此条交通线是以班加西为基地的。1 月 21
日，我军在阿杰达比亚东南部那段恶劣难行的沙丘地带撤退
时，第一装甲师支援部队的几支部队共损失九门大炮，一百
辆机动车辆；人员伤亡若干，详细情况尚未知晓。

2. 如果隆美尔硬要继续向前，我军装甲部队很有可能向
其东翼发起攻击。尤其在中枢点班加西一带，我们配备的巡
逻坦克及美国坦克可达一百五十辆。昨夜，一小股敌军潜入
安特拉特，我估计是支突击队。

3. 我意识到，国内民众之所以惶恐不安，可能是因为阿
杰达比亚再次被敌军占领，但这正恰恰可能是隆美尔作茧自
缚。我们已经计划好进攻阿盖拉，隆美尔的行动耽误了我们
的侦察以及准备工作。但您很清楚，不论是过去还是现在，
我们迟迟不行动的主要原因还是未能在班加西及其前方建立
足够的后备军。阿盖拉既有沼泽地，交通又不通畅，我相信
里奇将军正在窥伺时机，寻找一个比阿盖拉更有利的作战地
点实施遭遇战……

1942 年 1 月 23 日

当时，我接受了这一看法，对于 21 日所发生的事情毫不知情，对
所有前线部队都在迅速撤退一事也全无概念。甚至直到此刻，我也完
全没理由会料想到这场灾祸。反之，英军即将进攻的消息我倒是听说
了。虽然部队没能及时向的黎波里塔尼亚转移，但奥金莱克却似乎对
于将来的局势颇有把握。但是就在 24 日这天，传来的消息完全与先前
估计相左。

奥金莱克将军致首相：

　　显然，敌人能凭借着出人意料的强大作战力量持续向前推进，一开始就给我们的前锋部队来了个下马威。您知道，前方部队实力并不强，很快就被敌军赶出主要交通要塞……接着隆美尔又果断采取下一步措施……说不定就像去年一样，他被这次出人意料的首战告捷冲昏了头脑，抛开初始计划采取进一步行动。但是这次他的物资供给远不如去年，也没有了当时的生力军。局势的发展虽大不如我所愿，但我希望能够尽力挽回，最终迎来转机。

1942 年 1 月 24 日下午 3 时

可是，24 日晚的军用电报所带来的消息着实出乎意料。

第八集团军海军联络官致地中海司令：

　　部队正准备撤离班加西，但这只是一个防范措施。拆毁基地的命令尚未下达。在此情况下，非作战人员准备向东转移，天黑之前能走多远就走多远……一旦班加西失守，德尔纳也会保不住。

1942 年 1 月 24 日

收到这一消息后，我随即给奥金莱克将军发去电报，他还从未向我来电报告类似消息。

首相致奥金莱克将军：

　　第八集团军从班加西和德尔纳撤离的报告让我深感不安。这种情况的出现毫无预兆，完全没有人给过我任何提醒。非作战人员向东转移的消息，等待命令破坏班加西基地的消息，所有的一切都使战争形势发生了重大变化，这跟我们当初的设想全然不同。你们是否真的在安特拉特地区遭到了重大挫折？我们新的装甲部队打不过重新整合后的德国坦克？此次危机非常严重，完全出乎我的预料。为什么会那么快撤军？为什么第四英印师不能像德军坚守哈尔法亚那样死守班加西？下级军官现在所面临的必须撤退的局面，宣告了"十字军战士"计划和"杂技家"计划就此破产。

1942 年 1 月 25 日

奥金莱克随即赶至里奇将军的前方指挥部。

奥金莱克将军致首相：

1. 昨日，我从开罗飞至前线。据了解，虽第一装甲师和警卫旅奋勇抗敌，依然无法稳定局面，当前形势不容乐观。昨日，我军被击退至姆苏斯以外。不过看得出，昨夜，几支正在撤退的部队与敌军展开了正面交锋。①

    …………

4. 经我批准，重型装备和基地设施已经撤出班加西以作防范。第四英印师已由里奇将军直接指挥，该师将从班加西以南全力进攻。此外，里奇将军还派出一支混合部队以切断安特拉特一带敌军的交通和侧翼。第一装甲师正全力作战，以将敌军牵制在察鲁巴南部和梅基利西部，妥善保护第四英印师的侧翼。

5. 交火后我们了解到，此次与我们对阵的敌军为第十五和第二十一装甲师、阿里埃特师和第九十轻型师。

1942 年 1 月 26 日

隆美尔将主力军部署在姆苏斯。向西北，他可以进攻班加西；向东，他又可进攻梅基利。为夺取班加西，他同时向这两地发起进攻。

---

① 详细部署见地图。

同时，他还派遣了一支部队前往东北，佯攻我方交通线。声东击西这招十分有效。我们原计划从班加西和察鲁巴抽调第四英印师的部分兵力、装甲师以及部分警卫旅向南反攻，可是这一计划因隆美尔的佯攻而破灭。我军撤离了班加西，第十三军退至加柴拉—比尔哈凯姆战线。

* * *

不久后，班加西的失守便引起了广泛关注。

奥金莱克将军（在前方指挥部）致首相：

　　有报告指出，班加西的失守很大程度上是因为过早采取行动，这令我十分不安。调查发现，这之中确实有些误会。个中原因或是下级指挥官过早命令海军人员全部撤退，并在撤离前破坏了几艘驳船以及码头上的系船柱。陆军主要负责破坏港口，然而这一工作也未能实施，仅破坏了几个敌军仓库。皇家空军也误解了命令，销毁了一些汽油。非常遗憾，这些错误原本都可以避免，好在并未造成重大损失。我正在问责。

　　　　　　　　　　　　　　　　　1942 年 1 月 27 日

奥金莱克将军详述了军事行动后，将整件事概括如下：

　　诚然，我担心我方装甲部队不是敌军的对手，的确没和敌军展开一番较量。我军损失惨重，却无法给敌军造成同样程度的损失。造成这一局面的原因尚不明确，其中之一可能是因为我军分布范围广，无法集中起来对敌军采取一致行动，而敌军人数众多，编排紧凑。第一装甲师或者说该师的剩余部队在装甲车队的掩护下已全部集中。我希望这支军队能立刻投入战争，但是我还在等待该师师长的报告。同时，我也

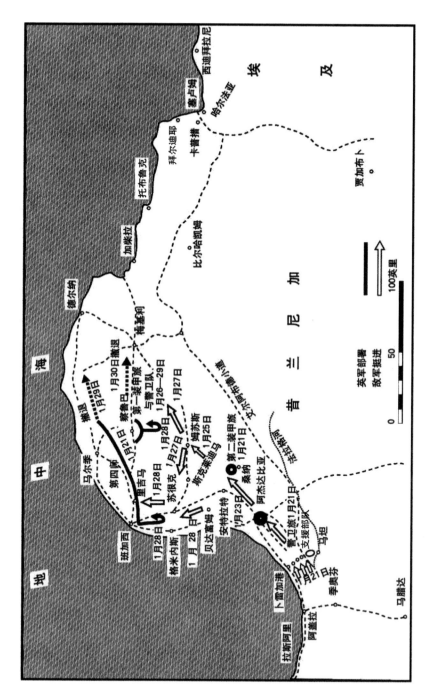

要开始调查其他方面的行动。我们当前的目标是重获战争主动权，紧逼敌军，就算不能将敌军消灭也得击退。我相信里奇将军早已下定决心实现这一目标。特德和我目前待在此地。

次日来电：

敌军已兵分数路，明显是为了同时侵占梅基利和班加西。这是隆美尔一贯的冒进伎俩，同时也说明他低估了我军的抵抗力量。他很有可能已经派遣大部分坦克向东突击，只要他不向班加西进军，他的作战就无法打乱里奇将军的反攻计划。

* * *

此刻，我了解到，奥金莱克将军确实对沙漠中发生的一切并不清楚。他的电报里没有提及任何与第一装甲师，也就是第十三军的遭遇相关的内容。我希望，他现在能在里奇将军的司令部查明事情的真相。毕竟，我也曾对具体情况一无所知。

首相致奥金莱克将军：
1. 我对你信心十足，很高兴你能坚持下来。
2. 你一定已看过对隆美尔下一步计划的推测，他竟想肃清班加西—姆苏斯—梅基利这个三角地带，然后退至阿盖拉附近一线等待时机。那么，我军就更应该坚守阵地，顽强抵抗。
3. 听闻我军装甲部队被敌军以少胜多的消息，我迫切地想知道详情。这次打击对于我军来说十分沉重。

1942 年 1 月 28 日

对于此次溃败，奥金莱克将军除了埋怨我军坦克质量低劣，没有作出过多解释。接着又传来噩耗。

奥金莱克将军致首相：

　　形势已经恶化，我们怕是无论如何都得暂时撤离班加西。今天一早，两支由各个兵种混编而成的敌军部队（每队至少配备二十五辆坦克），以绝对优势逼退第七印度步兵旅。

　　同时，敌军一支配有至少一千五百辆机械化车辆的强大部队，已从南部向阿比亚尔推进。面对被包抄的危险，第四英印师师长决定，如有可能，停止班加西南部的作战行动……在这种情况下，我认为他做得对。班加西基地的破坏工作已经完成，没有给敌人留下任何有价值的东西。

　　说实话，不仅我们没想到敌军会获胜，他们自己也没想到。隆美尔这次策略虽风险很大，却很有技巧。敌军能否取胜，很大程度上取决于能将姆苏斯一带的装甲部队分散到何种程度，以维持进攻班加西所需的大量兵力。目前为止的事实表明，隆美尔的决定是正确的。但是，我和里奇将军正想尽一切办法扭转局势。尽管我不愿意看到这一事实，但第一装甲师损失了大量坦克和大炮，这支主力部队的作战能力暂被削弱。

　　据我所见，我军军纪依旧严明、士气高涨，并未发生混乱。

1942 年 1 月 29 日

奥金莱克将军致首相：

　　1. 昨日下午，我已收到您 1 月 28 日的电文，十分感谢。很遗憾我们不得不放弃班加西，但这只是暂时的。

　　2. 关于第一装甲师：我不确定敌军能随时待命的坦克数量是否明显比我方少。但在战区，我们的坦克实力很可能强过敌方。我军装甲师战败的原因我已跟您讲过几点，这些原

因还是有道理的。我提过，目前还难以解决的其他困难有：同德军大炮相比，我军的两磅弹大炮射程短，性能差；同德军坦克相比，我军巡逻坦克稳定性低。而且，有传言称，我军装甲部队高超的战术领导水平，足以抗衡德军在物力上的优势，对于这一说法我深表不满。遗憾的是，事已至此，也不是一天就能改变的。

3. 我不得已得出这样一个结论：按照我军现在的装备、组织和领导水平，要想在与德军装甲部队作战时取得绝对胜利，我军在数量上至少要有多出一倍的优势。除此之外，如果想取得胜利，我军还必须全力与步兵部队和炮兵部队紧密合作，步兵与炮兵除了在反坦克炮方面能力稍弱，其他方面完全有能力与德军抗衡。运用这些原则时，应密切联系实际情况。但是我还是很担心，因为有迹象表明，皇家装甲部队士兵在某种程度上正在对装备失去信心，我们必须尽全力重整士气。

4. 我和里奇将军正密切关注着隆美尔可能采取的下一步行动，但是不论他的意图何在，他定会想方设法以少胜多，直到他遇到阻力。我们已经拟定好作战计划，见招拆招……

1942 年 1 月 31 日

又一次，隆美尔证明了他优于我方指挥官的卓越的沙漠作战能力。他又率部重占了昔兰尼加的大部分区域。此次，我们被迫后退三百英里，粉碎了我们的希望，班加西沦陷，奥金莱克将军为 2 月中旬发动反攻准备的大量战略物资也损失殆尽。隆美尔也一定很惊讶：他只用了小小的三支部队发起进攻，加上尽力在后方集结兵力作为支援，就获得了压倒性的胜利。里奇将军将受到重创的第十三军，和从加柴拉以及托布鲁克一带调过来的部队重新整编。在此地，追击部队和被追击部队都已力竭，却得时刻互相提防。直到 5 月底，隆美尔才有能力重新发动攻势。

战争形势逆转，我军遭受严重军事灾难的原因是：敌军可以在地中海自由航行，从而能够不断增援和补给他们的装甲部队；此外，德国还能将苏联战线上的大批空军调回。不知为何，从来没人对战争现场的战术变化进行过说明。1 月 25 日，决战来临，敌军突破防线，直达姆苏斯。也正是从那天起，我军作战计划一变再变，战略决策十分混乱，于是隆美尔获得了战争的主动权。警卫旅不明白上级为何不让他们作一次殊死抵抗，而是三令五申地命令他们快速撤退，他们只好服从。在此次作战中第四英印师完全没能发挥作用。

　　直到最近，我们才从敌军记录中了解到，他们的坦克比我军优越。德军的非洲军团共计有一百二十辆坦克参战，意军至少有八十辆，对抗我军第一装甲师所派出的一百五十辆坦克。然而，该装甲师为何没能得到好好利用，这一点至今仍无解释。奥金莱克在急件里解释说："该师刚刚从英国调过来，完全没有在沙漠作战的经验。"他还总结道："我军坦克不仅在数量上不及德军，而且巡逻坦克作战时性能差。同德军相比，我军装备差，安全性低，加上反坦克武器严重缺乏，所以形势更为艰难。"

　　以上言论值得仔细推敲。第一装甲师是我军最为精良的部队，大部分士兵都接受过两年以上的军事训练，在正规军中是一支高素质、高效率的军队。11 月，他们在埃及登陆，离开英国之前，根据最新的情报和经验，他们想尽一切办法使战车适应沙漠作战。在开罗的工厂里经过例行检查后，整师顺利越过沙漠，于 1 月 6 日到达安特拉特。为了保护履带，坦克车经由特殊运输车运送，所以它们得以完整无损地抵达安特拉特。然而，这一精锐部队还没参与多少大战，就已经损失了一百多辆坦克，因为在仓皇撤退时，已经运至前线的大批汽油全部被遗弃，而这些坦克就因为燃料不足被遗弃在半路。

　　接到命令撤退途中，警卫旅发现了大批汽油，因敌军步步紧逼，不得不将它们毁掉。然而，当他们发现沙漠里有不少被弃用的坦克时，就竭尽所能运来了很多汽油，给坦克加满油，然后亲自驾驶。单单科尔斯特里姆的一个连就收集了六辆坦克，其他部队更多，然后他们把

这些坦克开到了安全地带。事实上，还有些连队收集到坦克后，照德军那样，同摩托化步兵配合起来，这样一来，他们反而在撤退途中增强了作战实力。想到打造一个装甲师所需要的成本、时间、人力，包括专家、训练有素的士兵，还有把他们绕过好望角运到目的地所付出的努力，战前所做的无数准备工作如此艰难，这一切努力却因指挥不当而付诸东流，不禁让人痛心。更令人沮丧的是，德军在距离其的黎波里基地四百多英里以外的地方尚能赢得胜利，而我军却惨遭失败。我希望，英国民众寻找此事真相时，不要因此受误导，错以为此次后果严重、损失极大的败绩，仅仅是由于我军坦克技术不佳。

第三章

THREE

马来半岛危机

激战于马来半岛——昔加末—蔴坡之战——我军向新加坡撤退——分散的新加坡防卫部队——我对西海岸海军防务的不满——韦维尔将军对于长期保卫新加坡的质疑——1 月 15 日，我所发电报——没有永久的近陆防卫工事——没有野战防御——三军参谋长进退两难——厄尔·佩奇爵士的干预——"不可饶恕的背叛"——我们将在新加坡奋战到底

前文中，我已交代过了马来亚在 1941 年 12 月底前的情况。新年伊始，陆军中将希思所指挥的由第九、第十一英印师组成的第三军，在东西海岸受到大规模敌军攻击。敌军从哥打巴鲁沿着海岸公路向南移动，同我军第九师的一个旅在关丹展开遭遇战。西部战线上，第十一英印师在金宝占据山头阵地，一个旅在其左侧防守霹雳河。第八澳大利亚师的两个旅留守柔佛，其中一个旅驻守丰盛港海滩，敌军很可能在此登陆，直插我军先锋部队背部。目前为止，日军至少派出整整三个师同我方交战。不仅如此，从宋卡集合的日本船只中可以看出，又有一个师即将登陆。说到我军，我们殷切盼望的增援也即将到达。1 月中旬，第四十五印度旅，即英国第十八师的主力军，以及五十架"旋风"式战斗机即可抵达。月底，我们期盼已久的第十八师全师和印度派遣至此的部队也要在此集结。

要想在新加坡以南狭窄的海面上保护这些运输船队，我们必须将现有的、除小型舰艇以外的全部海军力量以及所有剩下的战斗机都加以利用。这导致日本空军能够随心所欲地对我方部队和交通线发动袭击。荷兰方面信守承诺，已派出四支飞行中队支援新加坡保卫战，可

是这些飞行中队和我们自己的一样，来了也是徒劳。剩下仅有的几架轰炸机却因缺乏战斗机的掩护，起不到什么作用。我军战斗部队的任务是争取时间，等待援军到来，实现这一目的靠的就是将敌军尽可能地往北引，避免直接冲突，以免对新加坡保卫战造成影响。

接近 12 月底时，我军曾试图组织一支两栖作战部队，沿着西海岸从敌人背后发起攻势。12 月 27 日，我们的突袭行动很成功。可惜，制空权几乎完全掌握在敌军手上，我方海军部队又较为薄弱，尚未驶出瑞天咸港，就被困住。1 月 1 日，敌军又击毁了从美国调过来不久的一支由六艘快速登陆艇组成的小型舰队。此后，同日本的海战中，我军唯一可行的策略便是躲避。

面对敌人的猛攻，第十一英印师在金宝阵地坚守了四天。但 1 月 2 日，日军在霹雳河口登陆后，第十一英印师的退路被切断。希思将军预计在瓜拉雪兰莪，也就是我军后方几英里处发起一次海上袭击。于是，他下令从瑞天咸港调遣一支皇家海军陆战队小分队展开海陆联合反攻，但这次行动并没有取得什么成果。当晚（1 月 3 日晚，4 日凌晨），瓜拉雪兰莪附近似乎又有敌军登陆，但敌军的实力如何却是未知数。事关敌军行踪的情报不仅少而且混乱。无论如何，我们的兵力都不足以阻挠敌军。最后，我军还是退到了斯林河，重新建起一道防线，只留下一个旅守卫西南方，防止敌军从后方突袭。

* * *

我军连续作战三周，从未间断过。尽管如此，早已力竭的军队还面临着一场无可避免的大仗。1 月 7 日，敌军发动猛攻，我军猝不及防。日军夜间出动坦克，沿着大路前进，突破了防线。我方两个旅都陷入混乱，付出很大代价才突围而出。这次失败，严重影响了我们拖延敌军以等待增援的计划。此外，东海岸线上，第九师严重受挫。关丹一战，这个师中的一个旅造成日军两千多人伤亡后，不得已撤退，此时已全部集中在劳勿附近。如果在西海岸线上继续撤退，侧翼很容

易暴露给敌军。

此时，韦维尔将军还在赶赴美、英、荷、澳司令部就任的途中，抵达新加坡后，他视察了前线。为彻底摆脱日军，他下令大举撤退，让新加入的部队或者任何可能集合到的相对较新的部队走在前面，让筋疲力尽的士兵能在后方稍事休整。撤兵目的地为距蘇坡河一百五十英里远的后方，右侧临近昔加末。澳大利亚师的少将戈登·贝内特负责指挥本师的一个旅（第二十七旅）、从东海岸线撤退至此的第九英印师以及刚刚抵达的第四十五印度步兵旅。一直承担战场压力的第十一英印师，将被安排至后方休整。1月10日起，我军开始撤退。经过几场激烈的后卫战后，摆脱了敌军。四天后，建立起新的防线。同时，瑞天咸港的海上基地已被放弃，轻型的残余舰艇也退至本加榄港。1月16日，一小股日军经本加榄港从海上登陆。我军唯一的两艘军舰本可以堵截日军，可现在它们连敌军的影子都找不到。

此刻，载有第十八师主力旅（第五十三旅）以及五十架"旋风"式战斗机的运输船队正在新加坡卸货。船队途经敌人制空范围，一路上历经艰险，在海军和空军部队护送下，终于安全到达目的地。增援部队数量很多，可是所发挥的作用却并不是很明显。第四十五印度旅全是新兵，只有一部分受过训练，而且整支部队从未受过丛林战训练；英国第十八师在海上航行了整整三个月，恢复战斗力还需要一段时间。可是他们一登陆，就遭遇了一场势必无法取胜的战斗。

"旋风"式战斗机被寄予厚望，因为我们终于等来了可与日军抗衡的高质量飞机。以最快的速度组装好后，这批飞机便加入了战事。最初几天，敌军确实因此损失惨重。可是，新来的飞行员对战场情况并不熟悉，没过多久，数量上占优势的日军给我方造成的损失日益增加，"旋风"式战斗机数量骤减。

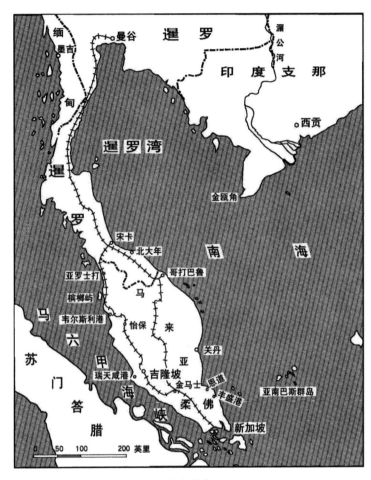

马来半岛

*　　　*　　　*

　　昔加末—蔴坡一战打得激烈，持续了一个星期。戈登·贝内特将军把大部分兵力安排在了通往昔加末的道路上，堵住敌军前路。另外，他还调遣第四十五印度旅，一个澳大利亚营（后来又加了一个）在蔴坡河下游防守。在昔加末前方的伏击成功，日军死伤上百人。之后的战事愈演愈烈，可是敌军还是死守阵地。1月15日，四个营在蔴坡遭到日本整个禁卫师团的袭击，既有正面攻击，又有来自海上向其侧面发起的登陆战。有段时间，这几个营想从南面杀出一条路来，但还是被包围了。最终，他们被迫抛弃了交通工具，分成好几个小队逃生。这支四千人的军队，只有八百人死里逃生。旅长邓肯、各营营长和第四十五旅各副指挥官全部牺牲。虽然敌军人多势众，又掌握着制空权，可是我军剩余部队仍然没放弃抵抗，为昔加末侧翼和后方的守军及时撤退赢得了时间。为了保证撤退的安全，我方派遣第五十三旅的两个营前来支援，也召集了正在前线后方整编的第十一英印师的部分兵力，以抵抗在本加榄港及其以南沿海海岸地区登陆的敌军。

如今，我方部队分布在从丰盛港到本加榄港横贯马来半岛南端、长达九十英里的战线上。敌军紧随其后，和我军在丰盛港和居銮展开激烈的遭遇战。但是，决定性的一战又发生在西海岸的本加榄港，两个英国营苦守了五天。那时，所有直达的出口都已被堵，我军部队沿着海岸线后退了二十英里。经过几个晚上，海军撤走大约两千名士兵。

这时，日军的大批增援也到了。1月15日，一支大型护航队将两个师生力军运到宋卡后，南下向我军战线中心居銮展开攻势。此时敌军已有五个师驻守马来亚。1月26日，我军势单力薄却勇气十足的空中侦察队发来报告，兴楼海面有巡洋舰两艘、驱逐舰十一艘、运输舰两艘、小型舰艇多艘。而我军全部能用于战斗的飞机加起来也不过二十三架，向敌军发起了两次进攻。日军的护航队在战斗机保护下安然无恙，而我方飞机，特别是老式"角马"式战斗机损失惨重。但所幸我方的出击恰好命中敌军要害，两艘运输舰都被击沉，至少十三架敌机被毁。这次出击是我军空军战斗部队的最后一次英勇作战。第二天晚上，两艘从新加坡驶来的驱逐舰试图出击，但中途遭到敌军截击，其中一艘不幸被击沉。登陆的日军迅速从兴楼沿岸南下，攻打驻守在丰盛港的第二十二澳大利亚旅。于是，1月27日，在我军右翼丰盛港、战线中心居銮以及暴露的左翼展开了密集的战斗。英国陆军中将玻西瓦尔将军决定退至新加坡。到战争最后阶段，所有的人和车辆都必须通过堤坝的道路到达对岸。撤退刚开始时就有将近一个旅的士兵阵亡。剩下的队伍于 1 月 31 日早晨顺利通过堤坝，而后便迅速将其炸毁。

*　　*　　*

　　如果我们当初集中所有力量保卫新加坡，只派遣轻快机动部队牵制日军，阻挡其南下马来半岛，这样是否会更好？这一想法值得商榷。当地指挥官决定在柔佛展开新加坡保卫战，而且要尽可能地拖延敌军，我批准了这项决策。新加坡保卫战不外乎就是接二连三的撤退，既有猛烈的后卫战，也有强有力的支援。参与作战的将士和指挥官都展示出了军人的优秀品格。但是，敌方援军一到，我军就被各个击破了。敌军占尽有利条件：战前就对地形和作战环境进行过详细研究，制订了隐秘的大规模作战计划，指使特务渗透我军内部，甚至还暗藏自行车备用；优势兵力和大量物资储备早已汇集于此，尽管其中有些物资储备并非必需品；此外，日军各师团对丛林战都十分熟练。

　　前面已经提到过，日军能掌握制空权，完全是因为我军需要去各处支援，分身乏术，这根本不能怪罪当地指挥官。但是，这却是一个致命伤。我们派去保卫新加坡的主力部队，和自日本宣战以来增派的所有援军都在保卫半岛的英勇作战中消耗殆尽。他们通过堤坝道路到达主战场时，劲头全无。他们同当地守备队和基地许多分遣队在此会师，尽管作战人数有所增加，但是战斗力没有加强。英国第十八师的两支生力军则经过长途跋涉后刚刚登陆，面对他们的是陌生、难以想象的环境。这支军队被赋予崇高使命，本可以在新加坡保卫战中打响这场关键性的决战。然而，在日军开始进攻前他们已经被损耗，虽然说人数有十万人，但已毫无军魂了。

*　　*　　*

　　读者们可以在后文中看到波纳尔将军在 1949 年写的备忘录，备忘录中完整记载了战前针对新加坡要塞所采取的方针，包括 1940 年 8 月以及后来日军占领印度支那时的决策。这些决策说明，应当扩充守备队，尤其要加强空军增援。正如我之前提到过的，这些急需的资源已经用在别处。只有在日本宣战、美国参战后，大规模物资供给才能实现，可惜到那时已经太迟。当地各指挥官要求的增援比三军参谋长想象的多得多，根本无法满足任何一方的需要。波纳尔将军的备忘录客观地记录了当时的情况，接下来我想谈谈当时的情形。

＊　　＊　　＊

新加坡的悲剧发生后，国内立刻就此展开了一场严肃的辩论。我同韦维尔将军和柯廷先生也紧锣密鼓地开始通信。

首相（在华盛顿）致韦维尔将军：

如你在电报中所知，我一直殷切希望驻守马来半岛的英军能够尽可能保存实力以保卫新加坡要塞及其柔佛腹地。因此，我十分赞成开展后方战斗，这样不但可以给敌人造成最大的损失，还可以尽可能拖延时间，破坏一切对敌军作战有用的东西。但是我不明白为什么我们的阵地不断地因敌军的海上活动而转移？他们不过是搭乘没有武装的轮船、木船或渔船沿着半岛西岸南下，然后从各河港登陆，迫使我们撤退。我军只需派遣一两艘潜艇来堵住敌军可能用到的河口，用四英寸口径的大炮或鱼雷把这些没有武装的运输船队击沉，敌机来时，这些潜艇还可以潜入水底。这样可以在半岛上保护我军西翼，同时能让日军夺取每寸土地时都付出高昂的代价。如果你能告诉我当前局势以及可能展开的行动，我将会十分高兴。这样一来，我在同总统讨论战事的时候也便于向他说明情况。

1942 年 1 月 9 日

针对日军在马来亚西岸进行的海陆两栖作战，我提出了几个关键问题，韦维尔将军的回答如下：

韦维尔将军致首相：

想必您已看过我给三军参谋长发的关于马来亚总体形势的电报。解决我军西翼受到的威胁，最明显的方法就是采取海上行动。我一开始本打算用巡逻船，但是白天他们受到了空袭，因而不得不放弃。最近三个夜晚，驱逐舰"侦察"号从苏门答腊基地出动，现在只剩三艘荷兰潜艇在马来亚作战，所以现今做出安排：从 1 月 12 日起，一旦有潜艇从其他军事行动中调回，就立即前往槟榔屿和雪兰莪之间的西海岸作战。

1942 年 1 月 10 日

我对这一安排并不看好，即便后来收到的更详尽的解释也无法让我满意。

首相致第一海务大臣：

这种情况实在不妙。在马来亚西海岸上，我们在策略上和战场上都完全败给了一支周围没有任何战舰的敌军。因此，我们的军队被迫从不同的阵地连续撤退，敌军却赢得了宝贵的时间，我方军中蔓延着不安的情绪。我们的不足之处很明显。敌军是如何获得所有舰船的？虽然就在不久前制海权还在我们手中，但是现在我们几乎没有船只。其次，我已提过，我们在岸上可能会遭到重型机关枪射击，敌人又是如何占领海岸的？他们不可能在每一艘驳船登陆的据点都配备着机关枪。

你一定要派人去搜集更加精确的情报。日本人没有一船一舰，竟然占领了马来亚西海岸，这简直是英国海战史上最骇人听闻的失败。很抱歉这份报告无法使我满意，我需要一

份全面的调查报告。

1942 年 1 月 22 日

海军上将庞德作出详细答复。

第一海军大臣致首相：

1. 您在 1 月 22 日的备忘录中，仅从海军的视角看到了马来亚西海岸的军事行动。但是我们从惨痛的教训中学习到，小船舶需要近海作业的情况下，制空权非常重要，这既是海军问题，也是空军问题。

2. 如果敌人这种沿海渗透发生在 1914 年，我想这还能说是海军没发挥作用。但 1942 年的情形完全不同……

3. 根据我们掌握的情况，事情的经过可能是这样的：

（1）据总督给殖民地事务大臣的电报，他们在战前已经做好所有安排，将全部舰船运到河流上游，这样敌人连一条小船都得不到。很明显，这项工作做完，军事机构才接到消息称当地已经受到敌军威胁。我们的这个行动在一定程度上失败了，因为敌军已在我方浑然不知的情况下穿过丛林渗透到我军内部，到达了我军船只的聚集地。此刻，我们知道所有机动船和其他大部分船只已经被破坏。

（2）失败似乎始于槟榔屿，在这里，"焦土政策"完全不起作用。这样一来，敌军得以缴获的大量船只沿着海岸南下，在那一带，我们毫无防御，再加上敌军在空军方面的优势，我们难以维持现在的局面。

（3）为了从槟榔屿，即距新加坡三百四十英里的地区反击敌军的进攻，我们准备了几只配备轻型火炮的小船，这些都是战争爆发时临时准备的。由于敌军掌握着制空权，船只无法在白天航行，那些试图航行的船只都被击沉。

（4）敌军从宋卡经陆路运来了摩托登陆艇，如今已投入

使用。

4. 现在的情况是，马来亚的海军少将正竭尽所能壮大巡逻艇的力量。他曾请求过韦维尔将军，派遣荷兰军队予以援助。他也询问过印度政府，希望得到皇家印度海军的协助。此时，并不算强大的空军也正全力增援马来亚海军。

1942 年 1 月 24 日

我们必须认识到，能有效作战的船只数量仅够保卫增援的运输船队，保证通往新加坡的海路畅通。沿海工事除了几只武装简陋的小船，就是一些装着劣质武器的改装船。面对敌人强大无比的空军力量，我们这几艘势单力薄的船只竟得以幸存。我军并不缺乏勇气，只是没掌握正确的作战手段。

＊　　＊　　＊

显然，韦维尔将军早就怀疑我们是否有能力长期保卫新加坡。想要包围整个新加坡岛屿，日军必须先把重型火炮搬上岸，运到据点后进行组装，所以各位读者明白，我多么希望该岛屿和要塞能够顶住。离开华盛顿前，我原想至少还要抵抗两个月。看着我军从马来半岛撤离，我十分忧虑，但是没能有效干预，缓解我军所遭受的损耗。可是另一方面，我们也确实因此赢得了宝贵的时间。

韦维尔将军致三军参谋长：

我于昨日，即 1 月 13 日，飞抵新加坡，然后驱车前往昔加末会见希思和戈登·贝内特。战事正在按计划进行，但是由于在吉隆坡以北的战斗中，敌军的前进速度比我想象中更为迅速，第九师和第十一师在人数和士气上都受创严重。新加坡之战成败悬于一线，如果运气好，运输船队便能安全准时抵达，颓势还来得及挽回。昨日，在持续不断的大雨掩护下，重要船队安全登陆，敌军的作战计划也因此受到阻滞。戈登·贝内特和澳大利亚士兵个个精神饱满，我确信他们能够给敌人当头一棒。

1942 年 1 月 14 日

＊　　＊　　＊

我本以为近陆防务及其抵御敌军包围的准备工作是毫无问题的，但是为确保其顺利进行，我还是发了以下电报：

首相（在华盛顿）致韦维尔将军：

1. 万一你们被迫退到岛上，后果将会如何？请告诉我你的看法。

2. 保卫这个地区需要多少兵力？有没有办法像上次在中国香港一样，阻止敌军登陆？靠近陆地一带有没有防御工事和障碍物？你有没有把握仅凭要塞大炮就能阻止敌军部署攻城炮兵？如果万事齐备，闲杂人等又将如何安排？我一向认为我们迫切需要把这场战斗坚持到最后一刻，但我还希望不至于到这个地步……

3. 我们这里所有人看到你发来的电报后，都感到十分高兴，大家感受到了你们面对这场艰巨任务时的信心。同我们一样，美国朋友也非常信任你。

1942 年 1 月 15 日

回到伦敦后，我才接到韦维尔的复电。

韦维尔将军致首相：

近日，在新加坡逗留之际，我讨论了该岛的防御问题，并要求对此作出详细计划。近期所有计划都旨在击退海上袭

击，并牵制柔佛及其以北的敌军；尽管已经安排了炸毁堤坝道路一事，但针对新加坡北部建筑防御工事以阻止敌军横渡柔佛海峡一事，至今几乎没有采取任何措施。重型要塞大炮可以向多个方向开炮，但平直的弹道使这些大炮难以发挥其用，因此不能保证他们能够压制敌军的围攻炮队。供应情况尚属满意，为防拥挤，命令已经传达下来，将空军设施和储藏品迁至苏门答腊和爪哇。收到详细计划后会立刻向您传达，接下来的作战计划大半要看空军形势而定。

1942 年 1 月 16 日

19 日早晨，我读到这份电报，大为惊讶，悲从中来：在海军基地和城市的向陆一侧竟然没有永久性的防御工事加以掩护。更骇人听闻的是，开战以来，特别是自日军在印度支那安顿下来以后，没有一个司令官采取过任何像样的措施。甚至连野战防御工事这等大事都无人问津。

根据我对战争的所见所闻分析，我相信，凭借现代装备，只需短短几个星期便能建立起强大的野战防御，也足以用地雷和其他障碍物限制或分流敌军的进攻。可是，我从未想过我军竟没有建立任何永久性分离式炮台，来保卫这个著名要塞的后方。我对此一无所知，我也不明白这到底是怎么回事。而且在现场的指挥官和国内的专业顾问似乎都没有意识到这一迫切的需要。从来没人向我提出过建立防御工事，即使是那些看过我电报的人。我所发的电报都基于一个错误前提，即防御工事早已完备。我曾翻阅过 1877 年普列文战役的相关资料，那个时代还没有机关枪，就在土耳其军队陷入俄国的重重包围时，土耳其大军就在普列文临时筑起了防御工事；我还在 1917 年考察过凡尔登，那些驻扎在彼此分离的炮台里和炮台之间的野战军早在一年前就创造过光辉的战绩。我相信敌人为了粉碎新加坡各个强有力的据点，定会被迫大规模使用炮兵部队。可是由于困难重重加上长时间的耽搁，炮兵部队肯定难以集中，军队也难以沿着马来亚交通线集结。而现在，

这一切突然间化为乌有，我眼前只有一片狼藉，岛上空荡荡的，只剩下疲惫不堪的军队不断撤退至此。

我写这些并非是为自己开脱。我和我的顾问们早就应该知道这些；你们也应该早点告诉我们，就算没有，我也应该问问你们。我问过上千个问题，恰恰没有问这个问题，因为我从来没想过新加坡向陆一侧竟会没有防御工事，这和一艘战舰下水时竟没有舰底有什么两样？我知道针对这次军事上的失策一定会有各种理由：一是军队既要忙于训练，又要在北马来亚修筑防御工事；二是民工短缺；三是战前财力有限和陆军部的集中管理；四是陆军的作用是保护该岛北海岸的海军基地，因此他们的任务是在北岸前线作战，而不是沿岸作战。我认为这些理由都不一定成立，防御工事早就应该建立起来。

我当时的反应是要抓紧时间，亡羊补牢。我立刻口授备忘录，内容如下：

首相致伊斯梅将军，转参谋长委员会：

1. 我必须承认，韦维尔将军 16 日发来的电报及其他电报所提到的同一个问题，使我震惊不已。我在航行时，和约翰·迪尔爵士讨论过此事，我们从未想过新加坡要塞附近的大峡谷有半英里到一英里宽的护城河完全没有设防，无法抵御北部的攻击。如果不把该岛建设成一个堡垒，那么把它当作要塞还有什么用？构筑一条独立防御工事，使探照灯、交叉火力点和处于低洼地带的电线网和障碍物相结合，同时准备充足的弹药，保证足以压制敌军在柔佛的大炮，这是和平时期的初级准备。在一个已经有二十多年历史的要塞没有这样的设备，简直令人难以置信。如果真是如此，在这长达两年半的时间里，不是更应该把必不可少的野战工事建好吗？在讨论这些问题的时候，你竟没有一个人向我提出，这究竟是怎么一回事？我在最近两年发出的备忘录中屡次强调要建好野战工事，而且我数次强调，我们需要依靠新加坡岛的

防御设施，而不是克拉地海峡的计划去抵抗正式围攻。此时，我们必须保护好英国所有要塞，以防后方登陆的袭击，朴次茅斯的波次唐山要塞的沦陷印证了这些盛传已久的战略准则……

2. 仅靠几座向海炮台和一个海军基地，不能构成要塞，要塞是四周完全设防的坚固阵地。只有向海炮台而没有堡垒或固定的防御力量保护后方，无论出于什么原因都是不可原谅的。由于这一疏忽，整个要塞的命运都掌握在一万名乘坐小船强渡海峡的士兵手中。我提醒你，这事如果暴露的话，会是最大的丑闻之一。

3. 正值柔佛战役打响之时，应当立刻作出最妥善的计划，计划应当包括：

（1）设法在北方战线运用要塞大炮，优先使用普通炸药，如果没有，就使用一定数量的烈性炸药。

（2）在任何敌军大批集结的登陆点，埋地雷，筑路障。

（3）在栳树丛生的沼泽地及其他地方架设铁丝网，设陷阱。

（4）修建野战工事和据点，用来进行野炮和机枪的交叉射击。

（5）在柔佛海峡或者在火力范围内的任何地方，收集并控制所有种类的小船。

（6）在海峡每一端配置野炮，小心加以掩蔽，并装备探照灯，全力消灭任何企图进入海峡的敌船。

（7）建立三到四支机动部队的核心力量，以预备反攻。我军一旦被逐出柔佛，即可在此基础上建立军队。

（8）应征召全体男性居民建筑防御工事，如有违抗，严惩不贷，务必使锄头、铲子物尽其用。

（9）不仅要想方设法保卫新加坡，全岛必须抗战到底，直至每一支部队，每一个据点都被击破。

（10）最后，必须将新加坡打造成一个堡垒，我军必须誓死保卫到底，绝不能投降……

1942 年 1 月 19 日

三军参谋长作出以下指示：

三军参谋长致韦维尔将军：

你们应当考虑到，柔佛战役可能最终发生不测，你们必须全力以赴保卫该岛，要点如下：

1. 要做好充分准备，利用要塞大炮抵御向陆一面的袭击，并且组织有效的射击部队。检查储备是否充足时，一定要说明我们现在迫切需要烈性炸药的数量。

2. 从海峡通往陆地的必经之路、岛上的登陆点以及出入口，要布好铁丝网、地雷、陷阱或者利用其他可行的方式，用以堵截敌军。

3. 将一部分保卫海滩的大炮和机关枪从南部运到该岛的北部和西部去。

4. 在该岛的火力范围内，海峡内外的所有船只或小船都应该全部由我军掌控，否则只能销毁。

5. 防御必须基于地区体系，因为地面防御必须堵住最危险的进犯通道。鉴于在沼泽地选定位置部署海滩防御难度较大，我们应该建立一支机动预备部队以便快速反攻，还应该在腹地建立一个交通壕网，防止敌军在成功登陆后扩大阵地。同时，为了修筑各种防御工事，我们要充分利用一切民工和工兵的力量。

6. 我们要采取一切可能的措施，以防夜间突袭。日军战术灵活，机动性强，所以要再度侦察那些看似不太可能的登陆点。

7. 要采取适当的措施，在柔佛机场、新加坡机场以及其

他敌军可能登陆的地方做好防御工作。同时，必须充分利用好皇家空军人员，严防报告中所指的正在印度支那整装待发的日本空降兵。

8. 要采取行之有效的办法，疏散并管制平民，并镇压"第五纵队"的一切活动。

9. 在本地防卫计划中，我们必须将参加固定保卫工作的人员全部武装起来，并分配任务。

10. 全岛应该覆盖最佳信号进行通信，也要同苏门答腊机场建立联系，那里可以作为近距离支援飞机的基地。

11.（我们）意识到以上提到的要点中的很多已经采取行动，如有进一步报告，我将感激不尽。其他还没开始的应立即开始，切勿拖延；应立即采取各项措施，为长期守卫工作做准备。

1942 年 1 月 20 日

同时，我也致电韦维尔将军：

你现在既已担任美、英、荷、澳四国的西南太平洋最高统帅，我肯定不能直接向你下达指示。美国总统将向你下达行动命令（我希望越少越好），并通过联合参谋长委员会转达。虽然如此，希望我们继续保持联系，以便随时问问题或提建议，尤其是涉及新加坡要塞防御问题时。你必须本着这一精神阅读联合参谋长委员会发给你的有关新加坡岛防御的电报。你的电报使我不安，在这里我想非常清楚地指出：我希望寸土必守，就算战争失利，也要毁掉所有物资和防御设施，防止敌人得到。在满目疮痍的新加坡市进行最后一轮殊死搏斗之前，决不能考虑投降。

1942 年 1 月 20 日

我也致电给三军参谋长：

首相致伊斯梅将军，转参谋长委员会：

    缅甸增援一事确实应由最高统帅处理，但是三军参谋长应发表意见。显然，没有任何事情能分散我们对新加坡战役的注意力，可是一旦新加坡沦陷，将兵力尽快转移到缅甸还是可能的。作为战略目标，我认为保持滇缅公路畅通无阻要比留守新加坡更为重要。

1942 年 1 月 20 日

三军参谋长致玻西瓦尔将军（在新加坡）：

    战时内阁讨论了马来亚的最新形势。

    有报告称，日军陆续在马来亚西岸，即我军战线后方登陆，这使内阁成员大为不安。希望当地海军部队能及时部署，有效应对非武装敌船的入侵。烦请详细报告已经采取的行动和你们的打算。

    另一个被讨论的问题则是新加坡岛的供水问题。要时刻谨记，中国香港就是因水资源短缺而投降，你能保证新加坡即使同马来半岛隔绝，也能维持下去吗？

    一个月前，总督奉命尽量疏散新加坡的闲散人员。请电告已经疏散的人数和将来的计划。

1942 年 1 月 21 日

*   *   *

    21 日早晨，一觉醒来，我就看到韦维尔将军的电报放在我的公文匣最上面，电报称新加坡保卫战前景渺茫。

韦维尔将军致首相：

我派遣至新加坡研究该岛防卫计划的官员现已返回。我们正在拟订该岛北部的防卫计划。要想有效防卫该岛，得派出同防卫柔佛所需相等或更多的兵力。我已下令让玻西瓦尔在柔佛坚守到底，万一柔佛战役失败，就要制订出计划，尽可能地拖延时间。可是我必须提醒您，一旦柔佛沦陷，新加坡岛可能坚守不了多久。我方的要塞大炮专门用于攻打敌船，大部分弹药也仅用于此，有许多大炮还只能向海面射击。① 部分守卫队已调至柔佛，多数留下来的部队也不知道能起什么作用。很抱歉，给您描绘了一片黯淡前景，但是我不想让您对现在的局势还心存幻想。新加坡修建的防御工事完全是用于海面攻击的，我仍然盼望柔佛能坚持到下一批护航队抵达的时候。

1942 年 1 月 19 日

随后我又接到了一封电报，内容如下：

波纳尔将军致首相：

由于形势日趋恶化，韦维尔已火速飞往新加坡。

蔴坡一线战场形势混乱，但是四十五旅和第二澳大利亚营正撤离巴克里地区，等待着与第五十三步兵旅会合，他们的任务是攻下本加榄港以北八英里的巴荣山。右翼军队现已撤至昔加末河后方，今晚将抵达拉比斯。

韦维尔将会电告他何时回来。

1942 年 1 月 20 日

韦维尔将军致三军参谋长：

1. 今日飞抵新加坡会见玻西瓦尔、希思和西蒙斯。

---

① 这点并不准确，大多数的大炮也可以向陆地射击。

马来亚形势急剧恶化,整个第四十五印度步兵旅和两个澳大利亚营被阻截在蘇坡以东的巴克里,显然,它们不能全身而退。第五十三旅在巴克里以东二十英里的巴荣地区作战,损失惨重。

2. 根据南部地区的作战情况来看,昔加末—拉比斯地区的军队很有必要撤退,他们必须先向柔佛撤退,最终撤回岛上。

3. 我们正利用仅剩的宝贵资源紧锣密鼓地推进保卫本岛的准备工作。保卫战是否能够成功取决于以下几点:从柔佛撤回的军队人数和士兵状态;增援抵达情况;空军的作战能力。如果诸事顺利,保卫时间有望延长。

4. 新加坡今早遭到两次轰炸,每次都有约五十架敌机参战。损失情况尚未可知。

1942 年 1 月 20 日

韦维尔将军也就我 20 日所发电报作出答复,但直到晚上我才拿到这封回电:

韦维尔将军致首相:

1. 我很高兴您愿意继续同我交流意见。

2. 我希望您不要对新加坡岛的防守产生误解。我也是最近才意识到,该岛仅仅针对海面攻击做出防御。我们已研究过三军参谋长在电报中的几点建议,并尽可能加以执行。

3. 我希望印度步兵旅和剩下的第十八师都能尽快增援新加坡。这样一来,除去损失的兵力,加上我们,还有相当于三个师的兵力守卫新加坡。后续增援可用于保卫势单力薄的爪哇和苏门答腊岛。关于此事,我们正在和荷兰方面商量兵力调遣的细节。

1942 年 1 月 21 日

*　　*　　*

　　韦维尔 19 日的电报引发了我的思索。我一直都想着如何鞭策我军，甚至不得不强迫他们严守各岛屿、要塞和城市，除非政策有了决定性的变化，否则，我会一直秉持这个态度。但是现在我开始更多地考虑缅甸，考虑从那里派往新加坡的援军。他们有可能会遭受厄运，有可能半路被转移。现在让他们调转方向，一路向北边的仰光行进还来得及。因此我起草了如下备忘录致三军参谋长，并且把它及时送至伊斯梅将军手中，以供他们在 21 日十一时三十分开会之用。坦白说，我并未完全下定决心，全靠我的朋友们和顾问们的支持，在这重要关头，大家都在受苦。

　　首相致伊斯梅将军，转参谋长委员会：

　　1. 针对韦维尔将军带来的噩耗，我们必须在今晚的国防委员会会议上重新研究一下现在的局势。

　　我们犯下的错误恰恰是我一直所担心的，为此我在乘船启程时还专门发过一封让你们留意的电报。我们本可以在柔佛，或者是沿着新加坡海岸筑一道坚固的防线，然而现已被敌人各个击破。向陆一面，没有任何防御。对敌军在半岛西海岸的包抄，海军也没有采取任何防御。韦维尔将军曾表示，新加坡保卫战远比赢得柔佛之战所需的兵力更多，柔佛之战几乎没有胜算。

　　韦维尔将军的电报透露出，他对延长防御时间不抱希望。显然，这样的防御是以牺牲正在赶来的援军为代价的。如果韦维尔将军仍旧怀疑是否还能再拖上几个星期，那么随之而来的问题就是：我们是否要立刻炸毁各码头、炮台和工厂，集中一切力量保卫缅甸，并确保滇缅公路畅通无阻？

　　2. 依我之见，我们现在就应正视该问题，并坦率地向韦

维尔将军提出我们的意见。如果海军和陆军的破坏工作做得彻底，新加坡（对敌人）便无利用价值，西南太平洋上的港口似乎才更有吸引力。另一方面，缅甸一旦沦陷，后果将不堪设想。这样会切断我们同中国人的联系，要知道，在同日军交战的这么多军队当中，中国军队算是最成功的。由于我们一时糊涂，加上优柔寡断，不肯做出放弃新加坡这个无情的决定，很有可能会使新加坡和滇缅公路都落入敌军手中。很显然，这一决定取决于新加坡岛的坚守时间，如果只能守几个星期，那就不值得牺牲我们全部的援军和飞机。

3. 而且，我们必须考虑到，一旦新加坡失守，科里几多尔也必然难逃厄运，印度也会受到很大冲击；只有强大的作战部队的到来和缅甸之战的成功才能保卫印度。

请在今天早上斟酌一下我的意见。

1942 年 1 月 21 日

*　　*　　*

三军参谋长没有给出明确的结论。当晚召开国防委员会，当我们做出这一重大决定时，大家都犹豫不决。韦维尔将军作为盟军最高统帅，要负直接责任。我个人认为，问题十分棘手，我不能再死守自己新的看法。其实当时我本应坚持自己的看法的。谁也没料到防御只坚持了三个多星期。早知道这样，我们就会抽出一两天的时间另做打算。

*　　*　　*

澳大利亚代表厄尔·佩奇爵士当然是不会出席参谋长委员会的，我也没有邀请他出席。他不知通过何种渠道得到了我给三军参谋长的备忘录，看完后他立刻发电报给澳大利亚政府。1 月 14 日柯廷先生来电，电报中不乏责备。

柯廷先生致首相:

今天战时内阁召开紧急会议讨论马来亚局势,讨论结果如下:

……据佩奇报告,国防委员会正在考虑从马来亚和新加坡撤军。各方都曾做出保卫新加坡的保证,所以无论在国内还是国外,撤军均被视为不可饶恕的背叛行径。在大英帝国和地方防务体系中,新加坡是一个中心要塞。我在电报中说过,必须坚守新加坡要塞,无论如何都要坚持到主力舰队的到来。

即使是在紧急情况下,援军转移时也应考虑荷属东印度,而非缅甸,其他的做法都欠妥,而且还可能促使荷属东印度单独媾和。

各国都遵照协定,源源不断向我方输送援军,我方也切实执行了协议中规定的职责。我希望不要因撤军而阻挠整体战略目标。

马来亚的形势和拉包尔之战,引发民众不安情绪,人们普遍认为盟军软弱无能,不能遏制日军进犯。政府意识到,其职责就是要让民众做好抵抗敌军侵略的准备,同样也要向民众解释为什么不可能阻止敌军向我方海岸线进犯。因此,我们有责任深入探讨当前形势下的一切可能性。澳大利亚人民志愿参军,服役海外的不在少数,他们很难理解当他们的战斗力大为削弱,当大英帝国的声誉和同盟国之间的团结都遭到严重破坏,已经到了难以弥补的地步时,他们为何还需苦苦等待局势改善。

1942 年 1 月 23 日

柯廷先生的电报措辞严厉,文风与往常迥然不同。他所谓的"不可饶恕的背叛",同实情或当时的战况完全不符。大祸临头,我们能躲得了吗?如何才能平衡得失呢?那时主要军队的命脉还掌握在我们手

中，如果用现实的眼光看这些问题，就无所谓"背叛"之说。况且，澳大利亚战事委员会也没能审时度势，纵观全局。要不然，他们就不会要求我们放弃缅甸，因为事实证明，缅甸才是我们唯一可以保住的地方。

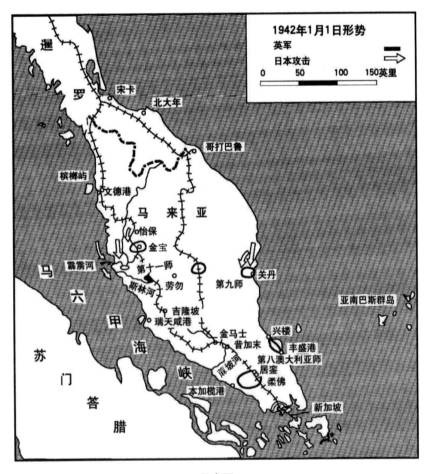

马来亚

有人说柯廷先生的电报对战局起了决定性作用，这是不够准确的。如同我曾建议的那样，如果我们早在作战方针上达成共识，就应向韦维尔将军坦率直言。可是我在会上感觉到，一提到放弃远东的这个重要据点，反对的呼声就高涨。美国军队正在科里几尔多顽强奋战，英国要在这个时候"临难而退"，这对全世界，尤其是对美国将会造成极为恶劣的影响。任何纯粹的军事决定都是不容置疑的。

　　然而，得到了大家一致认可或默许后，我们还是决定竭尽所能提供增援，防卫新加坡。作为增援部队的第十八师，有一部分已登陆完毕。

第四章

FOUR

信 任 投 票

有必要向国会提出警告：灾难即将来临——斯塔福德·克里普斯爵士从苏联返回——我要求进行信任投票——表决的重要性——沙漠之战的叙述——我们赤手空拳在远东作战——我军资源短缺——前途艰险——四百六十四票对一票——美国和盟国深感欣慰——二十位自由党议员中六位弃权——斯塔福德·克里普斯爵士拒绝出任军需大臣

关于华盛顿之行的任务，以及我不在国内这五周期间所发生的一切，大家都盼望我向国会作一次详细汇报。我一定要强调两个心里所想的事实：第一，伟大的同盟国一定会取得最终的胜利；第二，日本一旦发动猛攻，我们将遭遇一连串巨大的、不可估量的浩劫。可是，我们非常欣慰地看到，作为一个国家，作为一个帝国，英国的生死存亡不再是危在旦夕的问题。大英帝国已不再受到威胁。这个致命危险的威胁基本消除，从另一方面讲，使我们的每一个战事评论员，不管是出于善意，或是有意责难，都能直言不讳地指出过去所犯的错误。此外，许多人都认为他们有责任帮助我们改进作战策略，以尽快结束这场恐怖的战事。过去遭受的种种失败虽令我痛心疾首，但我比任何人都清楚，这些失败不过是个开始，还有更大的灾难。澳大利亚政府的所作所为，消息灵通的各类报刊不着边际的评论，二三十个精明的议员不断的冷嘲热讽，以及议院里的紧张气氛，让我感受到了公众心里的一种尴尬、不快和困惑的情绪，虽流于表面，但却气势汹汹地从四面八方向我涌来。

另一方面，我很清楚自己身处这个位置的优势。1940 年的战争中，我为帮助全国人民渡过这场灾难尽了一份微薄之力，人民可能会

对我有好感。我并不低估国民的忠诚，正是这种如潮水般的忠诚激励着我不断前进，尤以战时内阁和三军参谋长的忠诚最为突出。我对自己有信心，应战争形势需要，我曾向周围的人明确指出，我不容许自己的职权和责任有丝毫的削减。媒体界议论纷纷，让我继续担任首相，发表演说，却将实际的作战指挥权交给别人。这一点我绝不让步，我下定决心要承担一切责任，并要求下议院对我进行一次信任投票。我还记得法国有句名言："On ne règne sur les mes que par le calme."①

我认为有必要提醒议会和国民灾难迫近。在领导工作中，最严重的错误莫过于给予民众不切实际的希望，然后看着希望很快落空。英国人民可以乐观、坚强地面对灾难，但他们极度憎恶欺骗，也不愿看到当政者愚蠢无比，活在幻想中。无论是出于个人的地位，或者从战争的整体指挥出发，我认为有必要用最绝望的字眼描述眼前的光景，让将来的灾难显得不那么可怕。在这个节骨眼这么做，不太可能影响军事形势，也不怎么会动摇国民对于取得最终胜利的信念。尽管每天都有令人震惊、紧张的消息传来，我还是不惜花上十二至十四个小时，专心致志按要求写一篇主题庞杂的上万字的材料。尽管北非沙漠之战的火焰已经烧身，但是我还是完成了材料及我军战事分析。

*　　*　　*

与此同时，国内上下普遍要求成立生产部，生产部大臣直接加入战时内阁。1941 年 7 月，我在访美会见罗斯福总统前，在下议院详细说明当时没有必要设立这个机构。但是舆论导向依然倾向于设立，这一导向的加强不仅是出于战事的需要，也是有关人员和部门的想法。比如说，美国总统已经任命唐纳德·纳尔逊先生负责全部生产领域的工作。难道英国就不该有一位专门官员负责生产吗？大家都认为比弗布鲁克勋爵当之无愧，他在美国取得的成就前文提到过，而且他能对

---

① 意为"我们只有镇定才能统治心灵"。—译者注

美国的上层人士施加巨大的影响。1917 年至 1918 年，我在军需部任职，掌管现在由军需部和飞机生产部负责的事务。这些部门在原材料和劳动力方面有诸多往来，若由一个单独的权力机构指挥将有更多的优势。事情越来越多，这个生产部门要抓紧成立。比弗布鲁克赢得了苏联人和美国人的共同信任，要领导一个规模如此庞大的联合机构，似乎他是不二人选。

自比弗布鲁克从飞机生产部调至军需部以来，这两个有业务往来的部门经常发生摩擦，有些难以避免。所以我希望能够把负责军事生产的这两大部门联合起来，统一由战时内阁阁员一级的生产大臣领导，这样一来不仅可以重建部门之间的和谐，还可以提高效率，而比弗布鲁克早已是内阁成员。飞机生产大臣穆尔—布拉巴宗上校以及足以胜任军需大臣的安德鲁·邓肯爵士都可以作为比弗布鲁克的幕僚，他们两位都极富主动精神和判断力。然而当我还在考虑这几个人选的时候，一个新人物出现了。

这个人就是斯塔福德·克里普斯爵士。他早就想结束在苏联的任务。无论是战时还是战后，对奉命填补职位空缺的英美官员来说，驻苏联大使这一职务毫无吸引力。希特勒展开进攻之前，我国同苏联几乎没什么联系，派往莫斯科的特使也形同虚设。他根本见不到斯大林，和其他同盟国的大使一样，同莫洛托夫也比较疏远。12 月危机出现时，苏联的外交中心从莫斯科转移至古比雪夫，但莫斯科的那种不愉快的、停滞不前的氛围不仅再次出现，反而变本加厉。后来，很多事务都是我直接和斯大林或者像现在这样，我和罗斯福总统、斯大林直接联系，大使的职能更是日益弱化。德军进犯苏联时，斯塔福德身在国内并向我表达离任之意，只是我认为不该在苏联有难的时候将他召回，他赞成并接受了我的看法。那时到现在已经有八个月了，像他这种身份显赫的政要人物要求回到下议院，到我们的政治中心任职，当然是再合适不过。因此，在 1 月初，我同意了他的调任，并派阿奇博尔德·克拉克·克尔爵士前去接替。

1 月 23 日，克里普斯从苏联回国。早在几年前他因推崇极端主义

被驱逐出党，此时的他已然是一位脱离工党的重要政治人物。一直以来，英国人民对于苏联人民的英勇抗战都赞赏有加，加上克里普斯又是驻苏大使，因而他的名气就更大了。不仅如此，英国左派人士及其媒体还制造出一种舆论，声称苏联之所以参战，站到孤立无援、举步维艰的英国这边，克里普斯功不可没。有些极端左派分子甚至力推他做候补首相，政界还有人说他可以领导一批新的政府评论家，然后将这批人凝聚成一股高效的议会力量。我个人非常喜欢他，也十分欣赏他的才能，所以当然希望他可以投身政府，为政府效力，而他之前的工党幕僚对此也并无异议，于是我一直在寻找一个机会。

　　虽然我一直都知道左派对此事的意见，可是我一直根据每件事情本身的情况采取行动。第一次世界大战时，我担任军需大臣，而克里普斯是大英帝国最大炸药厂的副厂长，工作出色。他管理经验丰富，才华横溢。在我看来，任命他为军需部大臣是最符合公众利益的。同时，也可以为生产部的成立奠定基础。1月25日，斯塔福德·克里普斯爵士与夫人前往契克斯与我共进午餐。那天下午我和他进行了一次愉快的长谈。我明确提出建议，并且向他解释了这一职务在整个军事生产中的重要地位。他说他会仔细考虑并尽快给我答复。

＊　　　＊　　　＊

　　1月27日议会辩论开始，我把这个议题递交至下议院。我看得出，议员们满腹牢骚。因为我一回国就要求把自己的汇报录下来向大英帝国和美国广播。这些人却提出同当时形势毫不相干的一大堆反对理由。于是，我只好撤回这一请求。尽管如此，我深信任何国家的议会都不会拒绝这种请求。正是在这种氛围中，我站起来说话了。

　　回国后，我得出一个结论，我必须要求下议院为我的继续留任进行信任投票。这一程序完全正常，也完全符合民主宪政体制。有人提出要开展一次关于战争的辩论，因此我安

排了为期三天的辩论，让议员们无拘无束，畅所欲言。所有议员都可以尽情表达自己的观点，反对内阁也好，议论政府机构或个别官员也罢，但是必须遵守一点：不谈军事机密。下议院对此一向小心谨慎。还有比这更自由、更民主的制度吗？几乎没有国家有英国这么优越的制度，即便战时也维持着民主的传统。

我有义务向下议院解释，为什么我会在这个时候需要他们的特别支持。有人建议我们利用三天的时间开展一次这样的辩论，可是一辩论，那些工作担子轻的议员肯定会狠狠抨击政府，最后不进行表决就散会了。这样一来，新闻界中那些对政府怀有敌意的人——有些已经公开表示敌对——就会宣称政府不讲信用。此外，事情一过去即讨论结束后，他们还会暗示公众说我已被私下告知，我若是要求议会进行信任投票就真是太鲁莽了……

近来，远东坏消息频传，以后可能会更多。我现在就解释原因。坏消息掩盖了行动上的失误和对战事的错误估计。没有人能否认发生了这么大的灾难，各方没有过错和失误。这一切就像惊涛骇浪般朝我们涌来，这也正是我要求下议院严肃正式地投信任票的另一个重要原因。在这场斗争中，下议院也从未退缩过。如果下议院没有坚持以下这两件事，那就失职了。第一，自由辩论；第二，辩论之后进行一次公开公平的投票。随后，我们就会明白自己的处境究竟如何；同样，那些同我们打交道的人，不论身处国内还是国外、是敌是友，都会知道双方的处境。由于我们开展的是自由辩论，可能只有二三十位议员参加，因此我要求那四五百位坐着不发言的议员们发表意见。

就是因为情况会变得越来越糟糕，我才要求投信任票。若某位议员要提出善意的批评，甚至严厉谴责，只要和内阁看法一致，那么大可采取进一步行动，极力弹劾。但是，如

果某位议员对于政府极为不满，认为出于公众利益应该将政府推翻，那么他就应该拿出大丈夫气概，在议会里表明他的主张。什么话都可以坦白说开，没人反对言论自由，而且政府会做出最大努力使辩论过程符合各项标准。不过，辩论过程中，大家无需花言巧语，投票时也都不必畏畏缩缩。我就反对过自己为之效力的政府。有时回过头看，我竟为这样做过而感到高兴。越是在艰难的日子里，每个人都越应尽职尽责。

*　　*　　*

我给他们讲了讲沙漠战争。

奥金莱克将军要求用五个月的时间准备这场战役，但是在 11 月 18 日他就开始向敌军进攻。两个多月以来，沙漠地区的战争接连不断，战斗激烈。散落在各地的士兵，带着最新式的武器，每天天还没亮就和敌军各自展开搜索，白天拼得你死我活，还常常战到深夜。这场战争和我们的预期大不相同，属于分散式作战，大部分依靠官兵单枪匹马作战，但也不全是。如果不是奥金莱克将军亲自出马，改变指示，并下令不惜任何代价坚持打击敌人，给敌人无情地施压，那么我们早在 11 月 24 日就战败了。多亏了奥金莱克将军这一坚定的决策，不然我军已退至出发地甚至更远。一旦如此，托布鲁克可能会沦陷，隆美尔可能会向尼罗河进军。此次战斗后，战局开始明朗化。昔兰尼加收复失地，但是还得派兵驻守。虽然我们没能全歼隆美尔军队，但死伤、俘虏也将近占了敌军总数的三分之二了。①

---

① 英军伤亡总数计一万七千七百零四名，敌军伤亡总数约三万三千名。

议会当然不懂隆美尔成功反攻的意义，因为他们根本不知道，英国迅速征服的黎波里塔尼亚后，正在酝酿一个更大的计划。班加西和阿杰达比亚的失守已是众人皆知，似乎是胜负无常的沙漠战事的一个插曲。不过，正如此处转载的电报所示，对于刚刚发生过的一切及其原因，我还没有准确情报。

在这里，我必须得赞扬隆美尔。

　　我目前无法告知昔兰尼加西线的作战情况。我们的对手非常骁勇善战，撇开战事来说，我认为他是个伟大的将军。他在后方一定有援军。另外一场战役也在进行中，至于结果将会如何，我有个规矩，那就是从来不预测战果。对自己立的这个规矩，我感到十分欣慰。当然，这并不是说我们当时一点机会都没有……

我对隆美尔的赞扬在当时并没有引起什么话柄。可是后来，我听说有些人还是感到不快。他们不能理解，对敌军将领怎么能说赞赏的话。我知道这种想法也是人之常情，尽管它与我们取得战争胜利、建立长久和平的意愿相悖。

* 　 * 　 *

接下来我要讲一个极为重要的问题。

　　我们在远东战场捉襟见肘。我已经向下议院报告了这几个月发生的事情。各位议员们可以看出，我们的资源是多么紧张，至今我们还能活下来并不是因为我们功勋卓著，只是运气好而已。如果三四个月前，我们向舆论屈服，坚持攻打法国或低地国家，我不知道我们现在会处于何种境地。直到现在，我们还能看见墙上的标语："立即开辟第二战场。"任何人都会被这句标语所吸引。但细想一下，如果我们没能抵御这致命的诱惑，处境又将会如何？也许我们将派出所有船只、舰队、飞机还有全部军队，在法国或低地国家海岸线上浴血奋战。那么和更为严峻的另一个敦刻尔克问题相比，远东和中东地区的一切危机便显得微不足道了……

那些曾经直言不讳，一直不停地叫嚣着在法国开辟第二战场的人如今态度温和了许多，他们会委婉地向我们提出质疑：为什么在马来亚、缅甸、婆罗洲还有西里伯斯会没有足够的军队呢？

两年半的战争中，我们只能勉强应对敌军……现在开始看到一点出路了。看起来我们似乎处境艰难，但是只要团结一致，只要坚守到最后一刻，我们就会比以往任何时候都清楚，胜利终将属于我们。

我们的军队在这里（北非）和尼罗河流域对付德国和意大利，一直都没有力量有效保卫远东……也许很多事情我们本可以做到却没做，因为我们条件有限，实在无法为远东地区提供防务，抵御日军的进犯。我们秉承内阁的一贯方针：在确定美国参战之前，必须不惜一切代价避免同日军发生冲突。下议院至今还记得，最困难的时候，我们甚至委曲求全，把滇缅公路封锁数月之久。我还记得有些人对此大加批评，十分不悦，可是我们别无选择。因为大不列颠帝国从来没有，也绝不可能单枪匹马地同德国和意大利作战，不可能在进行大不列颠战争、太平洋战争、中东战争的同时，又在缅甸、马来半岛以及中东地区做好全面准备，抗击像日本这么好战的军事强国。况且，日本拥有七十多个机动师团、海军力量位居世界第三、空军力量强大，还有八九千万勇敢的好战分子。如果我们一开始就在广袤无垠的远东地区分散我们的军事力量，我们早就被消灭了。如果我们把战线上迫切需要的大批部队调至没有战事，或者永远不会有战事的地区，那么

我们就大错特错了。而且，我们会错失足以令我们大家平安脱险的机会（现在看来这不仅仅是一个机会）。

我们决定，要派兵增援苏联，设法打败隆美尔，并在地中海东岸到里海沿线建立更为坚固的防线。根据这一决定，我们应该尽力而为，在远东做好适度的防御准备，以应对日军可能发动的猛攻。此时有六万大军在新加坡集结，但是现代空军、坦克、高射炮和反坦克炮部队都必须优先供应尼罗河流域。

以上决定在宏观战略方面以及对苏外交政策方面若有失误，我个人愿意承担一切责任。如果资源配置不当，责任也在我。如果今天晚上大规模的现代空军和坦克不能如期抵达马来亚和缅甸，也都是我的责任。我怎么可能会随便找个替罪羊，把责任都推给那些无辜的将军、空军战士或海军人员呢？我也不可能把忠实可靠的同僚和朋友们赶出去，借以平息英国和澳大利亚新闻媒体界的骚动，或缓和马来亚和远东败北的局势，以及避免我们不得不接受的惩罚。

劳烦下议院花了两个小时听我的报告。他们看似对我讲的毫无热情，但是给我的印象却是他们被我说服了。鉴于我所预见的情形即将来临，所以在讲话快结束的时候，我做了最坏的估计，虽心怀希望，但也不做空头承诺。

虽然我感到胜利如潮，我们和所有受苦受难的群众安全地实现了最终的目标，实现了解放。但我必须承认，这次战争给我的压力比1940年夏天的那场战争更大。新战线的不断开辟，太多薄弱的据点需要防御，不可避免的厄运，不绝于耳的反对声。现在，我们可以轻松地谈论个中原委与曲折。因此，作为下议院的公仆，我有权站在这里呼吁大家不要对我施加压力，让我昧着良心作出错误的判断，让我找替罪羊

来巩固自己的地位。请大家不要煽动我去做目前看来迫切实则于战争无益的事情。恰恰相反，请大家给我鼓励，给我支援。我从来不敢作出任何预言，而是坚持我一直以来的信念，因为我所能奉献的只有热血、辛劳、眼泪和汗水。五个月后，我又加上"缺点、错误和失望"这些字眼。不论如何，我看见了光明已从乌云后面闪现出来，照亮我们前进的道路。正因如此，我鼓足勇气，要求下议院宣布信任投票，希望为国家新添一件新的武器。

*　　*　　*

　　辩论持续了三天，但是大家对我的语气出乎意外的友好。下议院的态度十分明朗了。战时内阁中以艾德礼先生为首的同僚们大力支持政府的工作。到了 29 日，辩论告一段落。当时我担心不会有表决，试图用激将法迫使那些批评我们的政论家投反对票；同时，保证不冒犯那些已经完全妥协的议员。但是我的话对保守党、工党和自由党中那些心怀不满的人没起到任何作用，他们还是不愿意投票。表决时，独立工党对信任投票提出异议，幸好，该党只占三个议席。由于两位独立工党议员需要充当点票员，所以投票的结果是四百六十四票对一票。我感谢少数党领袖詹姆斯·马克斯顿，他在紧要关头挺身而出。新闻界的大肆报道使得同盟国纷纷发来电报表示慰问和庆祝，白宫发来的贺电最打动人心。总统六十寿辰时我曾发电道贺，他复电时说："与您在同一个世纪相遇，简直妙极了。"但是新闻界中爱唠叨的人仍然见风使舵，灵活得像松鼠一样，说什么实在没必要投信任票，谁愿意挑战政府呢？可是这些"反对的声音"只不过是灾难临头的前兆而已。

首相致议会保守党领袖：
　　保守党的得票率向来很高，近两年来稳步增长，为此向你表示祝贺。

我正给自由党领袖写信讨论他们的投票情况，或许你可以核阅一下，如无异议，希望立即封寄。

1942 年 1 月 31 日

丘吉尔先生致阿奇博尔德·辛克莱爵士：

我提请你注意自由党在下议院投信任票时的情形，总共二十票，六名弃权或缺席，剩下十四名代表贵党。这十四名代表中，有三位是大臣，除了你还有约翰斯顿和富特。你们在贵族院中还有一位次长。这种情况，真是帆大船身小。保守党在本届政府执政期间的三次表决中分别投了二百五十二票、二百八十一票和三百零九票，恐怕保守党会谴责所有不支持政府工作的行为。

同时，《新闻纪事报》被评为最尖锐、最具有攻击性的报纸之一，遗憾的是落在一直报道出色且循规蹈矩的《曼彻斯特卫报》后面。

我建议你要认真关注这些事态。虽然你也知道，我从来不以议会席位多寡来衡量自由党的力量。只是在我看来，该党既然所占席位较少，又已经决定正式加入并支持政府的各项活动，就更有必要充分信任政府，采取团结一致的行动。

1942 年 1 月 31 日

*　　*　　*

斯塔福德·克里普斯爵士在辩论过程中一直保持沉默，但在此期间我收到了他语气友好的来信。他在信中提到，根据我所提出的条件，他无法担任军需大臣一职。在他看来，身为军需大臣，最起码在自己的部门可以完全做主，同时也是内阁的成员，并且还需负责分配并拥有优先决定权，这样才能实现增产。"可是根据您的条件，我觉得自己无法胜任，只会让您和公众都大失所望。我本想尽绵薄之力，分担您的重担，但是经过一番深思熟虑，我不得不拒绝。对此，我深表遗憾。"

我答复道：

你觉得没有能力接管军需部的大量事务，我感到遗憾。你说除非另有条件，但是这些在我的权限范围内无法达成。

军需大臣兼任战时内阁成员是违背生产大臣主管整条战争供给线的政策的，最近议会在这一点上也很坚定，不肯改变。此外，这样做也有悖于小型战时内阁的原则。在现政府成立之时及其后不久，舆论给他们施加了不小的压力。如今，战时内阁成员已经从五位增加到八位，要是把驻开罗的国务大臣计算在内，就有九位。如果依据职权①再加入军需大臣，那飞机生产大臣也必须得加入。如果这两个军需部门的长官都加入战时内阁，那么他们所服务的作战部门的大臣部长必将囊括在内。这样一来，一个（小型）战时内阁和一位生产大臣的原则都将遭到破坏。我肯定，不管是下议院还是公众都不会赞成这一点的。按你的提议，能和你时常会晤对我来说是一件乐事。尽管我过去一直要求你提供一些实质性的帮助，可现在我随时准备接受你的友好建议。也许有一天我还会需要你的帮助。

1942 年 1 月 31 日

事情暂且告一段落。

---

① "依据职权"字样是作者 2 月 9 日给斯塔福德·克里普斯爵士的信中加上的。

FIVE

内阁变动

日趋紧张的政治局势——新的权宜之计：下议院领袖——2月之灾——政府出现进一步变动——比弗布鲁克爵士递交辞职信——奥利弗·利特尔顿先生出任生产大臣——新旧战时内阁——其他大臣的变动——我蝉联国防大臣

议会的信任投票带来的慰藉转瞬即逝。我不止一次警告过，大难就快临头了。2月，灾难果然来了。同时我察觉到政界的气氛也日趋紧张。有人要求强化政府职能，为政府输入新鲜血液。现有最引人瞩目的新鲜血液无疑就是斯塔福德·克里普斯爵士。我极度反感因外界压力而被迫做出变动，所以在信任投票的辩论中，我言辞颇为激烈。但我深知变动是很有必要的，过了2月份，无论如何都要成立生产部，这个变化上升到了内阁重组性质。新闻部驻扎在世界各地的记者都报道，英国国内的政治纠纷造成了极大的伤害。很显然，我们要想办法立即解决既复杂又麻烦的人事问题。另一方面，尽快成立一个生产部，最好是采用温和的办法，但有的时候一些激烈的手段也是很有必要的。

成立生产部的计划快要完成的时候，我注意到比弗布鲁克爵士的健康状况日益恶化，真让人难过。他开始患上严重的哮喘症，经常彻夜难眠，而睡眠是治愈这一切的良药。从华盛顿回国以后，有天晚上我们在副楼开会，我被一阵持续不断的声音弄得心烦意乱，于是冒昧地呵斥道："找个人出去把猫叫声制止住。"说完之后一片沉寂，我这才恍然大悟，原来刚刚是我那可怜的朋友在喘气。我向他道了歉，事情也就告一段落了。我之所以旧事重提，是因为这件事可以反映出那段令人疲于奔命的日子是有多么紧张，而这也是促使比弗布鲁克行动的原因之一。他真想每晚花三四个小时，在几万英尺的高空飞行以减轻气喘。

哮喘症是比弗布鲁克神经衰弱的根源，我也只能将其称作为神经衰弱。出访华盛顿的时候，我把他一时冲动写好的辞职信退了回去。可是，现在他是真的厌倦了官职，虽然他还在渴望更广泛更无束缚的权力，但他也极度盼望从忧虑和压力中解放出来。我的同僚中很多人都有这种强烈的愿望。

不了解比弗布鲁克任职期间的贡献、他的魄力及决断力的人通常不明白，为什么他对我会有这么大的影响。因为他们忽视了我们在第一次世界大战中及战后事务中的长期合作。除了我十分尊敬但关系一直不算亲密的大法官西蒙勋爵以外，比弗布鲁克是唯一一个和我在一战中共同经历腥风血雨的同僚。我们同属于老一辈政治家，在过去的危机和争论中，我们经常站在不同的立场，有时候还针锋相对。但总体来说，我们一直保持着联系，这一直以来是我公共生活的一部分；虽然人生历经起起落落，但我们的友谊却愈加牢固。在那些暴风骤雨的年代，可以同一位一向虽没有行政权力却能发号施令的人物探讨当时的困难和问题，并同我们经历过的事情做一个比较，我常倍感欣慰。其他同僚当年还只是不为外人所知的年轻军官，他们驰骋在战场上挥洒热血，这些虽为过往，但都历历在目。

我已经准备好让比弗布鲁克去一个全新的、任务艰巨的领域。在这个领域他可以大展拳脚，任何能惹怒他的障碍也能降到最低限度。2月4日，我向议会宣布成立生产部，任命比弗布鲁克为生产大臣，由安德鲁·邓肯爵士接任他原来的职务。不过还有一些重要的细节需要秘密商定解决。根据比弗布鲁克的要求，并经莱瑟斯勋爵授权后，我又把军事运输部合并到生产部。这并不是我最初的设想，但莱瑟斯勋爵希望在比弗布鲁克的领导下工作。二人相处十分融洽，所以我意识到进一步合并的好处。可是，正式工作责任的划分就像经历一番斗争。尽管我十分有耐心，但最后也没能忍住。

丘吉尔先生致比弗布鲁克勋爵：

我给你寄了一份白皮书校样，几个小时后我要将其呈至议会。就我而言，白皮书算是最后定稿了。上个星期，我花费了很多时间和精力，努力做出妥善安排，确保使你满意，也符合公众利益；同时我还得统筹兼顾，消除各部门的顾虑，方便你们日后共事。我已经尽力而为了。

我相信，承担这项工作并努力做好是你的责任，你也有这种能力。莱瑟斯认为，军事运输部在决定商船的类型方面有绝对的发言权，我认为他说得很有道理，因为在这个问题上运输部是唯一了解情况的权威部门。我们所处的形势极度危急，牵涉的利害关系又十分复杂，如果其他问题都解决了，只有你反对，或者你不同意任何与我为你规划好的重要职位有关的事情，我不得不指出，你会受到举国上下以及来自美国的强烈谴责。我希望你能顾全大局，勿使你的国家、朋友、特别是自己的名誉严重受损。

在这件事上，我将按原计划行事，今日上午递交白皮书。另一方面，如果你决定同我们断交，我会要求议会将我的报告推迟到星期四。这封信是布里奇亲自送到你手上的，请你托他把回信带给我。

1942 年 2 月 10 日

比弗布鲁克接受了这一决定，于是，我在 2 月 10 日上交给议会的白皮书中明确规定了生产部的职责。我向议会宣读了开头的主要四节：

1. 生产大臣，作为战时内阁大臣，最重要的职责是按照国防大臣和战时内阁的方针，处理一切与战时生产相关的事务。生产大臣履行除与人力资源及劳工相关的一切职责。

2. 生产大臣的职责包括现有生产力资源和原料（包括原料进口的安排）的分配、必要时的优先生产决定权，以及对

有关各部门和分支机构的管辖与领导。

3. 尽管白皮书规定，负责有关生产事务的各大臣在主管各部时对议会所负责任保持不变，但就合理免责方面，任何大臣级长官都有权利向国防大臣或者战时内阁申诉。

4. 生产大臣代表战时内阁负责主持设在英美的联合机构的讨论事宜，以解决盟国间军需品和原料的分配问题。

读到这里，我被霍尔—贝里沙先生的问题打断，他提出质疑：为什么人力和劳工问题不包括在这一计划之中？当然是因为此事牵涉比弗布鲁克勋爵和欧内斯特·贝文先生，他们俩彼此敌对，势不两立。接着我又宣读了另外三节，内容如下：

8. 劳工和兵役大臣属于战时内阁大臣，将来会在战时内阁的授权下，管理原属生产管理委员会掌管的人力和劳工资源。所需履行职责包括为武装部队、民防、战时生产和民用工业等分配人力资源以及处理生产方面的一般劳工问题。

9. 作为劳工和兵役大臣，他们的职责是满足对人力资源的要求和处理人力资源的分配，同时，他们也有责任指示各部门采用更高效的办法使用人力资源。为此，该部官员在搜集人力资源使用方面的信息之时，其他部门要按要求为其工作提供各种便利。

10. 生产部门和劳工部之间的人力资源问题将由劳工大臣和生产大臣或他们所任命的官员负责解决。这三大供应部门将保留其现有的、独立的组织形式。

最后，我要求能够仔细研读白皮书并试行该计划；如果大家想辩论，我会提供一切便利条件。

*　　*　　*

一切尚在进行时，斯塔福德·克里普斯爵士的立场和态度显得越发重要了。他表现出一副有消息要透露的样子。他从莫斯科回国后的那次广播演讲受到了热烈欢迎，因此倍受鼓舞。斯塔福德·克里普斯爵士坚持要求新闻大臣再给一次广播演说的机会。2月9日，我给他写了一封信，原文如下：

> 在布里斯托尔，当有人问及你是否会加入政府时，你的回答是："这个问题最好问丘吉尔先生"，或诸如此类的话。在这种情况下，公布你1月29日的来信和我在31日的复函会不会不太好？
>
> 我发现在第二页"如果再加上军需大臣在内"这几个字前面，我忘了加上"依据职权"这几个字。比弗布鲁克当然不是以军需大臣的身份加入战时内阁的，而是在1940年秋季出任飞机生产大臣时，按规定才加入的。所以为了将我的原意表达清楚，我认为还是添上这几个字更好。

按照他的意思，我没有公布函件。但在我看来，大多数成员欢迎他加入战时内阁。可是，很多有影响力的团体或个人却希望战时内阁裁员，所有内阁成员应当尽可能不受各部门职责的约束。要两面兼顾实属不易，因此我想出了一个权宜之计。

1940年5月政府建立之时，除了其他职务，我还担任下议院议长一职。一切日常工作由艾德礼先生处理，我只需处理一些务必处理的重大事务。在我看来，斯塔福德爵士具备领导整个下议院的全部资格。他是议员，又是最杰出的辩论家之一。这项任命，加上他战时内阁成员的身份（他还是战时内阁的拥护者），意味着前景一片广阔，这是他的追求，现在他仍为此默默地争取着。我同艾礼德先生讨论过这一任命，当前情势危急，可艾礼德对我依然忠心耿耿、不离不弃，十分可贵。我向他提议，将掌玺大臣和下议院领袖一职让给克里普斯，而由他主管自治领事务部，并授予其副首相的头衔，但在组织上不作变动。变革的只是形式，实际上无任何变化。

艾德礼先生同意了，因此我只得将克兰伯恩勋爵从自治领事务部调到殖民地事务部。在我看来，这个职务等同于贵族院领袖。这两个职位本来都是由莫因勋爵担任——他是我最尊敬的一个朋友。在政府中的落选对他来说当然是一个致命的打击，让他遭受这些，我实在有点于心不安。后来又发生了一连串事件，莫因勋爵在埃及开罗竟被一个以色列人刺杀。

亲爱的沃尔特：

　　不管于公还是于私，我都必须对殖民事务部作一次调动，对此我深表遗憾。当前形势和舆论要求政府进行改组，因此我有必要将自治领事务部交给艾德礼，很多人主张，这一部门应该由战时内阁成员来负责。既然如此，我殷切希望克兰伯恩能胜任你的职务，以我对你的了解和你在这次战争中的表现，我敢肯定你一定会满足我的愿望和要求的。

　　在这腥风血雨的战争时期，我很高兴能与你共事。我非常感激你一直以来对我的所有帮助和情谊，也感激你在担任殖民地事务大臣和下议院领袖时的尽职尽责。

1942 年 2 月 19 日

莫因以一贯的气势和幽默同意辞去内阁方面的职务。"什么都不用说，"，他写道，"我十分明白政府改组的重要性。我只想补充一句话，在这一年的时间里，我很庆幸能够在一个如此有意义的机构里工作，而且在此期间，你给了我无微不至的关怀和体贴。对此，我非常感激。"

正当我们对处在困境中的核心政府机器进行重组的时候，国外的

灾难突然降临。新加坡于 2 月 15 日投降（下一章会有详细描述）。我们预计有数十万名士兵成了日军的俘虏。但在这之前，即 2 月 12 日，发生了一件在我看来无足轻重的小事，但极大地激怒了公众，引发了不安。那天，德国战列巡洋舰"沙恩霍斯特"号和"格奈森诺"号，连同巡洋舰"欧根亲王"号从布雷斯特逃脱，直闯英吉利海峡。据公众了解，这几艘战舰竟然在多佛尔炮台的轰击下以及我们空军和海军部队的猛攻下完好无损，目前公众仅知道这些，或者仅被告知这些。在合适的时机，我们会再探讨此事。所以说，公众对政府及其指挥作战日益丧失信心也就不足为奇了。

* * *

由于生产部的成立，以及为了迁就带来新力量的斯塔福德·克里普斯爵士的要求，政府内部进行了一番重大调整，调整幅度已达到重大改组的规模。同时，我也决心要做些其他调整。身为陆军大臣的马杰森上尉成绩斐然，现已离职，我提议委派他的常务次官詹姆斯·格里格爵士继任，他办事的效率和意志力久负盛名。我担任财政大臣时，格里格当我的私人秘书大概五年之久，他不但在财政部受到过锻炼，而且还曾在印度担任总督行政会议的财政委员，任职期间成绩斐然。格里格对于陆军部的所有工作了如指掌，全体将领和士兵对他信任有加。格里格不愿进上议院，对下议院又没有什么经验。因此，他不得不寻找、甚至在必要时争取一个选区，使自己成为一位合格的政治首领，能适应权力更广泛、工作范围更多样化、手段更灵活的领域。格里格性情刚毅、公正无私、勇气可嘉，再加上他的固执，都使他格外出色。把他提升到大臣级别，我的确少了一位最能干的文官。

我还调整了飞机生产部的人事，让卢埃林（他在美国飞机生产工作中做得非常出色，现在我们所有的飞机生产都已与美国的成为一体）接替前飞机生产大臣穆尔—布拉巴宗的职位，尽管后者十分遗憾，但他还是接受了贵族爵位。

亲爱的穆尔—布拉巴宗：

非常遗憾地写信告诉你，迫于形势和舆论，我不得不调整飞机生产部，这对改组政府非常必要。

我知道你在飞机生产部工作一向努力，而且你待我一直亲切热情，对此我非常感激。你知道，在这场艰苦卓绝的战争中，我的处境十分艰难。虽然工作上不再来往，但我真诚地希望这不会影响到我所珍视的友谊。

1942 年 2 月 21 日

他的回信彰显出他高尚的品德：

尊敬的首相：

我十分理解（您在信中提及的情况）。我认为，您制定的政策中有一两个方面尤为重要，早想跟您谈谈，但此刻已经没必要了。

对于过去的一切，我感到非常满意，也十分感激您对我的信任，现在部门里一切事务已经比当初我来时好多了。

祝
一切顺利。

布拉巴宗
1942 年 2 月 21 日

为了精简战时内阁，我不得不让财政大臣正式辞去内阁成员一职。

丘吉尔先生致金斯利·伍德爵士：

我认为有必要组建新的战时内阁，所以特将名单附上。你可以看到财政大臣并未列入其中，这和我们当初成立政府时的计划相一致。

对于这点我感到非常抱歉，但在那种情况下，别无选择。

当然，涉及与你有关的公务时，恐怕还得劳驾你。

1942 年 2 月 19 日

最后，还有一个很重要的调整，格林伍德先生辞去战时内阁成员一职，以便减少人数，他这一做法体现了高尚的爱国主义和无私奉献精神。

*   *   *

改组内阁的过程中，比弗布鲁克勋爵提出了不少宝贵意见。他往往能以一种置身事外的冷静态度看待他人的事情，可是一到自己身上就不一样了。比如说：

尊敬的首相：

兹送上我在电话中提到的函件。

公众已经丧失信心，他们希望政府能够令他们重拾信心，而政府有责任履行这一职责。

可是，新组阁的政府又如何能给予人民需要的东西？

1. 斯塔福德·克里普斯爵士的加入有用吗？恐怕公众对于克里普斯只是一时的热情。更何况，这一热情已经开始有所减退了。

2. 还是重新任命一位国防大臣，或是一位国防次官？但是，根本找不到一位既能使公众满意，又能令您称心的下属。

找一位像克里普斯那样能让当前的公众满意的人尚有可能，但是您可能对他不大满意。

3. 重建一个由少数大臣组成的战时内阁，其中每位成员分管几个部门，但是不需承担各部的具体职责？应当采取这一计划。

战时内阁应该由现任内阁成员中最有能力的贝文、最得人心的艾登和工党领袖艾德礼组成。

　　内阁中其他成员全部排除在外，虽然他们都是勇士，可以以一敌十，但他们在战时内阁中发挥的作用还是不及以上三位。

　　4. 最后，政府中有几位大臣被公众视为眼中钉，您知道这些人是谁。

　　在国防大臣中，也总有那么一两位不合大家的心意。

　　很显然，这是一封私人信件，我本人无意助长或支持公众的任何负面情绪。

您永远的朋友

马克斯

1942 年 2 月 17 日

　　他还引用了下面这段修昔底德的话，没有标注日期，也许他亲自实践过，但徒劳无功。

　　不要再同斯巴达进行会谈。让他们看清楚，眼前的苦难没有压倒你。只要能直面苦难而不畏缩，顽强抵抗，无论是国家还是个人都是真正的英雄。

*　　*　　*

　　但是，似乎一切已成定局，比弗布鲁克勋爵已经辞职。他的身体完全垮了，不再能肩负起任何重担。我竭力劝说他不要辞职，但他和其他一些大臣在我面前进行了冗长而又恼人的会谈，这让我觉得最好不要再勉强他。因此，我同意他退出战时内阁，去美国完成一些职责尚不明确的任务。在美国，他可以影响总统身边的人，以便继续帮助我们。最重要的是，比弗布鲁克勋爵可以去西印度群岛找一个安静的地方休养，这也是他迫切需要的。那些不赏识他的才能，不知道他为

战争所做的贡献的人，抑或是同他有过纷争的人看到这一结果都觉得称心如意，只有我一个人觉得损失重大。

几天之后，他写来最后一封信，我们就这样分别了。

尊敬的温斯顿：

今天我将离开，回到自己原来的地方。现在我必须把我这二十一个月以来的所有经历告诉您，因为我从未经历过如此冒险的事情。

一直以来我都非常感激您，正是因为您的支持我才能顺利完成所有工作。

您冒着很大的风险让我加入内阁，为了让我留下还遭到一部分阁员的攻击。

我的付出与您所给我的相比实在相形见绌。多亏有您，我才能名声显赫；因为有您，公众才给予我充分的信任，我也才能鼓起勇气面对这一切。您为我做的一切足以让我在众士兵面前有一席之地，当您拯救我们的人民于水深火热之中时，他们也会竭尽所能为您服务。

离别在即，特留下这封信，向国家的领袖、人民的救星、民主自由世界顽强抵抗侵略的标志性人物致谢致敬！

您亲爱的

马克斯

1942 年 2 月 26 日

我一直打算等他恢复健康、心绪平静之后就让他回来，但当时我没有将这一意图告诉同僚们。

* * *

这样肩负重任的生产大臣一职又成了空缺；我认为，要找一位继任人选并非难事。在我看来，奥利弗·利特尔顿就是最佳人选。他工作经验极其丰富，精力充沛，而且经得起时间的考验。我与他在童年时相识于他父亲家。1940年，没有职务的他被我带进议会出任贸易大臣，并加入议会。在贸易部，他赢得了各派的信任。担任驻开罗国务大臣一年以来，他见证了中东的军事失利，于是在后方的行政工作和铁路事业上提出并贯彻实施了许多重大改革。于是，奥利弗·利特尔顿同艾夫里尔·哈里曼先生有了密切的联系，而且他在华盛顿也十分受人尊重。我还得再物色一人，接替他担任驻开罗国务大臣。3月18日，澳大利亚驻华盛顿代表R. G. 凯西先生接到任命。

2月19日，正式宣布改组战时内阁。虽然现在进了两位新成员，但内阁人数已经从八位减到了七位。读者自会发现，同强烈的舆论潮流恰恰相反，我已经将自己的想法付诸实践：即战时内阁成员同时也是各个部门的负责人，而不是游手好闲的空头顾问，天天想想事情、随便说说、作出决策时靠折中方案或多数意见表决就可以了。

旧阁

首相	丘吉尔先生
掌玺大臣	艾德礼先生
枢密大臣	约翰·安德森爵士
外交大臣	艾登先生
国务大臣	格林伍德先生
供应大臣	比弗布鲁克勋爵
财政大臣	金斯利·伍德爵士
劳工大臣	贝文先生

新阁

首相	丘吉尔先生
副首相兼自治领事务大臣	艾德礼先生
掌玺大臣兼众议院议长	斯塔福德·克里普斯爵士

续表

枢密大臣	约翰·安德森爵士
外交大臣	艾登先生
生产大臣	奥利弗·利特尔顿先生
劳工大臣	贝文先生

新战时内阁的成立也产生了很多问题。克兰伯恩勋爵认为，作为上议院院长，他也应当是战时内阁的成员，至少应经常出席会议。目前，他急于提高政府在上议院的辩论能力；按照惯例——宪法虽然没有强制规定，但是上议院至少应有两位国务大臣。这个时候，我认为詹姆斯·格里格爵士可以以贵族身份履行这一新的使命。

丘吉尔先生致克兰伯恩勋爵：

我认为，不能赋予上议院议长绝对权力，允许其参加每次的战时内阁会议，因为大家坚决主张让一小部分内阁成员参与内部讨论。之前，上议院和战时内阁唯一的联系是比弗布鲁克，但是他很少参加会议，即使参加，也只讨论他自己的问题。

各部次官必须由上议院任命，但是我也不能保证担任此要务的一定是议员且是有地位的人。一方面，我必须考虑到各重要部门的工作效率；另一方面，我必须要注意此人是否有足够的辩论能力。兰开斯特郡公爵大臣达夫·库珀可能愿意升职，担当此任，只是我还没向他提及此事。

可是这两三日内，我还不打算做出任何最终安排。同时，我向你提过的新职务人选也暂时搁置一下。我也有可能将职务进行划分，任命一位大臣领导上议院，另一位大臣负责殖民地事务部。

十分感谢你愿意坦率地写信给我，我深知困难重重，但我一定会想办法一一解决。

1942 年 2 月 20 日

过了几天之后：

　　詹姆斯·格里格爵士非常希望留在下议院，而且十分明显，下议院也非常希望他能留下，所以我不能请他到上议院去协助你了。无论如何，我们还是按照宪法行事，但如果你需要更多的帮助，我可以请达夫·库珀前来上议院协助你，或者你也可以再试几个星期，看看情况如何。

　　一些次要的机构也进行了人事调动，我从中得到了不少帮助。在此次调动中，不下九位主要次官把他们的机构交给我，任我指挥，为我减少许多艰难险阻。有些调动过了几个星期才正式实行，最终名单如下：

1942 年 2 月 22 日

殖民地事务大臣	克兰伯恩勋爵，补莫因勋爵缺
飞机生产大臣	卢埃林上校，补穆尔—布拉巴宗上校缺
贸易大臣	多尔顿先生，补卢埃林上校缺
经济作战大臣	塞尔伯恩勋爵，补多尔顿先生缺
陆军大臣	詹姆斯·格里格爵士，补马杰森上尉缺（辞职）
公共工程大臣	波特尔勋爵，补丽思勋爵缺（辞职）1942 年 3 月 4 日
主计大臣	威廉·乔伊特爵士，补汉基勋爵缺
副检察总长	马克斯韦尔·法伊夫少校，补威廉·乔伊特爵士缺

　　我使用之前提到过的办法解决上议院在战时内阁的代表问题：安排几位非内阁成员的大臣出席战时内阁会议。月底前我们总算恢复了日常工作。

　　首相致爱德华·布里奇斯爵士：

　　内阁下周工作安排如下：

　　1. 星期一下午五时三十分，在唐宁街 10 号召开全体会

议，经常与会的各部长、三军参谋长、各自治领和印度代表
等都务必出席。议程：整体战争形势；特殊的机密事件，譬
如即将开展的军事行动不得在会上讨论；其他合适的议题可
进行讨论。

2. 星期二下午六时，在唐宁街 10 号召开太平洋会议。

3. 星期三中午十二时，在下议院开会，只有战时内阁成
员参加，你也必须出席。有关特殊议题需他人参加时，再另
行召集。

4. 星期四中午十二时，在下议院召开战时内阁会议。
(如果有需要，星期三、四两日下午六时还需另行召开
会议。)

5. 星期五晚上十时召开国防委员会。三军参谋长、劳工
大臣、印度事务大臣和自治领事务大臣，如有需要或经指定
时，我、副首相和外交大臣将出席本次会议，也许奥利弗·
利特尔顿先生也会应邀出席。

我们先看看这样是否行得通。

1942 年 2 月 27 日

总的来说，新闻界和公众对重大改组表示热烈欢迎。政府机构经
过这样一番大变动之后，议会也觉得需要稳定下来，所以，我们总算
赢得了喘息的时间，能再次承受不久就要降临的灾难。

＊　　＊　　＊

在这个国内外风云涌动、政局紧张的时期，我的地位似乎没有受
到任何影响。公务缠身，我鲜有工夫考虑这些。我的地位似乎反倒因
同僚或即将上任的同僚的诸多不确定性而得到了进一步的巩固。我并
不会因有人想罢免我的职务而感到难受。我要求的是，经过理性的讨
论使事情能如我所愿进行。战场失利只会让我和三军参谋长的关系变

得更加密切，这种紧密团结在政府各部门随处可见。在战时内阁，或者在人数众多的内阁级大臣之中，没有人暗中搞阴谋或闹对立。可是，外界不断对我施加压力，要求我改变作战策略，以获得比现在更好的结果。"我们一致拥护首相，但是他公务繁忙，我们应该分担他肩上的重担。"这种看法长久以来一直都有，他们还有许多理论硬要人接受。但无论如何，我很高兴收到弗雷德里克·莫里斯爵士①的来信：

尊敬的首相：

在和某些议员交谈时，我才察觉到外界在不断给您施压，所以您不得不采用劳合·乔治先生从 1916 年至 1918 年为配合政策与战略而采用的制度：取消国防大臣一职，让三军参谋长和由国务大臣们组成的小型战时内阁直接联系。

我花费了两年半的时间研究劳合·乔治先生的制度。我认为，除有一点不足之外，您的制度要好得多。多年来，我在帝国国防学院和各军事院校都拥护这种制度。我认为应该设立国防大臣，并同三军参谋长直接联系，而在战争时期唯一可以担此重任的是首相。同海陆空军士兵有共同语言，能从战争的普遍规律中总结出特殊性，这在政治家中是罕见的，也是您无可比拟的巨大优势。如果让三军参谋长参加战时内阁会议免不了会浪费参谋长的宝贵时间，因为他们难以在内阁会议上畅所欲言，但和关系密切的首相在一起就不同了。

以一个局外人的眼光来看，我认为现行制度中唯一的不足就是联合计划委员会。我的个人经验是，这一委员会的成员连自己手头上的工作都忙不过来，又怎么可能专心致志从

---

① 第一次世界大战期间，弗雷德里克·莫里斯爵士曾于 1918 年被任命为军事作战总监。他写了一封信给《泰晤士报》，就法国陆军的实力问题攻击首相劳合·乔治。他为此被免职，下议院展开了一场重大的辩论并进行了选举。当时自由党人到底投了阿斯奎斯的票，还是投了劳合·乔治的票，战后举行的选举测试了当时情况。1932 年莫里斯将军出任英国退伍军人协会主席。

事联合计划的工作呢？一到开会的时候，他们非但不主动提出议案，反而挑毛病，反对其他人提出的行动计划。我认为，目前唯一的办法就是采取有效行动，找到实施这一计划的负责人，在他制订计划时予以必要帮助，然后将计划交给您和三军参谋长核准。那么，计划是否可行、实施计划所需的各项条件是否具备，都将由您和三军参谋长决定。

在此重要关头，特向您表达我的同情和祝愿。

您真诚的朋友

F. 莫里斯

1942 年 2 月 14 日

在给弗雷德里克爵士的致谢函中，我补充说道（1942 年 2 月 24 日）：“我得出这样一个结论，在提出某项任务时，应根据任务的性质从三军中挑出一位有能力的军官进行指挥。”

我已彻底下定决心保留自己对战争的全部指挥权，而这只有通过身兼首相和国防大臣的职务才能实现。然而，处理反对意见和各种分歧冲突比自己全权做主遇到的麻烦和困难更多。最重要的是，既然我身处最高职位，就必须要有领导全局的统一思想，切实地对各项事务进行协助，对不完善的地方加以修正，不破坏全局。如果我被免去国防大臣一职，我一定不愿意继续出任首相，一分一秒都不愿意。这一点众所周知。因此，就算有人在极为不利的情况下向我提出诘难，我都会迎难而上，还有很多人建议成立委员会和其他一些非个人机构，现在也没什么意义了。在此，我一定要对所有助我成功的人表示感谢。

第六章

SIX

新 加 坡 沦 陷

对新加坡未曾进行调查——玻西瓦尔将军的部署——已经削弱的守备队——白厅中没有幻想——破坏工事的重要性——美、英、荷、澳战区的总方针——新加坡空军力量薄弱——2 月 8 日，日军横渡海峡——11 日和 12 日，全线激战——日军受挫——不幸的撤退队伍——新加坡市内形势严峻——韦维尔下令坚持防御

我认为，在激烈交战时皇家委员会不可能对新加坡陷落的原因进行调查。我们腾不出人手，没有时间，也没有精力。议会接受这样的意见，但我确实认为，为了还参战官兵一个公道，战争一旦结束就立即对所有情况展开调查。可是，当时政府并没有着手这么做。八年过去了，许多证人已不在人世。很可能再也没有一个称职的法院能对英国历史上最大的溃败和规模最大的投降作出正式裁决了。接下来，我并不打算越俎代庖，对个体行为发表任何看法。我仅记录我相信的重要事实，以及当时的文件。读者自会从这些材料中做出自己的判断。

对本书中的军事情况展开叙述时——由我负责，波纳尔将军一直倾情相助。当在华盛顿会议上达成成立美、英、荷、澳司令部的决议时，他其实早已被任命为远东总司令，总部设在新加坡。于是，波纳尔成为韦维尔将军的参谋长。若非如此，他当时将被召回协助玻西瓦尔将军，共同肩负重任。

玻西瓦尔将军部署了新加坡岛防卫计划。第三军（军长是希思上将）现由英军第十八师（师长是贝克威思—史密斯少将）和第十一英印师（师长是基少将）组成，第十八师的主力部队已于 1 月 29 日到达，第十一英印师合并了第九师的残余部队。第三军负责的区域是岛

屿北岸延伸至长堤的区域，但不包含长堤。从长堤开始的战线由第八澳大利亚师（师长是戈登·贝内特少将）负责，并同时指挥第四十四印度旅。这个旅几天前才到达，像第四十五旅一样，由年轻的士兵和部分受过训练的军队组成。南岸的防卫由要塞部队以及两个马来亚步兵旅和义勇队负责，全都由西蒙斯少将指挥。

由于可朝北方轰炸的那些防卫海岸的重炮弹药不足、效果不大，几乎无法应对在密林地区集结的敌军。岛上只剩下一个战斗机中队，可用的机场也只有一个。陆军部估计，由于守备部队遭受伤亡和消耗，最终集结人数将由十万六千人减少到八万五千人，其中还包括基地和后勤部门以及各种非战斗部队。实际上，只有七万人的武装力量。尽管野战准备和障碍物设置花费了本地不少人力，但还是无法满足眼下的迫切需要。即将受到攻击的前线并没有永久性的防御工事。由于长途撤退和岛上的艰苦战斗，士气一度萎靡不振。

北岸和西岸也容易遭到敌军的突袭，还好有宽度从六百码到两千码不等的柔佛海峡作为屏障；在几条江河河口的沼泽地带，栲树丛生，能起到一定的掩护作用。我们需要防守的战线长达三十英里，在对岸的丛林完全看不到敌军的任何行动。岛内基本被繁茂的草木和种植园遮蔽起来，也看不了多远。武吉智马村周围设有军需品仓库和供应日常用水的三个水库，其地理位置极为重要。在它的后面就是新加坡市，住着约一百万各族居民和很多难民。

*　　　*　　　*

国内各界人士对长期保卫新加坡不再抱有任何幻想。唯一的问题是还能打多久。三军参谋长早在 1 月 21 日就已考虑到爆破事宜，并电示玻西瓦尔将军——确保在新加坡没有任何纰漏。"万一战况恶化，"他们说，"应保证全面焦土政策的顺利实施，绝不能给敌军留下任何可能有用的东西。"三军参谋长还谈到了破坏军火的问题。1 月 31 日，我对此评论道："最好的办法是对准敌人开炮。假如要进行撤退——绝不容许，除非万不得已，也得花上两三天的时间……如果要塞即将沦陷，必须向敌人开火，把弹药打光，这是早就规定了的。因此，应该有足够的时间做好一切安排。如果要塞防卫得当，弹药很可能会短缺，到时不会有大批弹药遗留下来。"

两天后我又发出指示：

首相致伊斯梅将军，转参谋长委员会：

1. 务必办好以下几件事：第一，将海军基地全部摧毁，保证码头和工厂十八个月内无法使用；第二，销毁所有要塞大炮，同样保证十八个月内无法使用。这样，新加坡作为一个有效的海军基地，对敌军来说就没有价值了。你们不应为上述的破坏工作感到恐慌，因为这都是在军事基地进行，严禁公众入内；而且安置炸药的具体工作由工兵进行。

2. 同时也应制订计划毁坏其他贵重财物，但在准备时，不得削弱防御力量，正如将军所言，防御工作必须拖到最后一刻，能拖一天是一天。

1942 年 2 月 2 日

*　　*　　*

我同参谋长就印度洋的形势问题进行了长时间的讨论，并向他们提出了各种问题。

首相致伊斯梅将军：

今晚十时，我想召集三军参谋长开会，讨论向马来亚和缅甸进一步增援的问题以及印度洋的保卫工作。

我想到的有以下几点：

1. 新加坡问题——岛上共有三个机场，两个已经被马来半岛的炮兵控制，为什么我们上星期才得知这一消息？为什

么没有建造别的飞机场？北岸的防御工事进展如何？内陆交
通、放射状公路体系的进展如何？我推测，部分长堤——尽
管已经遭到破坏——现在已有大炮和机关枪加以特别掩护。
就海上登陆而言，敌军好像无所不能，而我们能做的少之又
少，如果打算从海上反击日军进军马来亚的交通线，你们做
好相关计划了吗？

2. 有关派遣护航舰队运送援军、部队、飞机和粮食支援
新加坡的计划制订得如何？为了进行救援，是否已经做好从
苏门答腊岛和爪哇岛派遣重型轰炸机袭击日军飞机场的相关
安排？是否计划过在附属岛屿新建空军基地？至于安排留在
新加坡岛的男性居民进行义务劳动一事，已经做了哪些工作？
此外，必须进一步减少非劳动人口的数量。许多诸如此类的
事情都在韦维尔将军的权力范围之内，但是我们必须完全了
解当前的局势，保证所有的事情都考虑到。

3. 印度洋基地问题——怎样做才能保住这些基地？比如
说，亭可马里守备队情况如何，大炮怎么样，已经采取什么
措施保护那里的峡谷？附近有什么飞机场可用？由海军负责
印度洋防御，有什么增援计划？三艘航空母舰何时启用？"沃
斯派特"号的未来行动计划是什么？"英勇"号的维修工作
进行得如何？我发现有一艘潜艇在孟加拉湾用炮火击沉了一
艘商船。那么，我们在这些区域航行的商船是否已经全副武
装？船上有没有内行的炮手？为确保本地人控制孟加拉湾，
正在采取什么措施？目前，我们似乎没有海军力量可动用，
轻型的也好，重型的也罢。准备派遣什么驱逐舰、小型护卫
舰以及巡洋舰到印度洋呢？希望在接下来的四个月内，每月
能给我一份增援时间表。

4. 将两个澳大利亚师调到美、英、荷、澳战区后，还有
什么增援计划？鉴于美军将按照既定的"磁铁计划"前往北
爱尔兰，再加上苏联方面及其他原因延迟了进攻行动，现在

似乎至少得从我国派出四个师的兵力。至于将这几个师调往埃及、地中海东岸—里海一线，或者印度，还是美、英、荷、澳战区，必须进一步考虑。当务之急是让他们行动起来。我们必须做好充分准备，大量减少给养和进口，以便大量调遣军队。此外，我们可以考虑使用小型商船运输军队。不知道从弗里敦出发的西印度旅现在情况如何？苏伊士运河以东必须加派人手。我们必须全面考察整个战区。

5. 增援印度是当务之急。我非常关心整个亚洲对日军胜利的反应。所以有必要向印度多派几支英国部队。这些部队不一定非要是建制完整的师，他们只需维护治安，防止叛乱，所以可以考虑派遣几个登陆师和一些独立营。

6. 我在其他文件中已提到过，美军很有可能进入波斯湾，在地中海—里海一线编成一支部队。

请将以上各点的实施计划和时间表一并寄给我，我也希望你能提出一些问题。

1942 年 2 月 2 日

* * *

新加坡的空战形势每况愈下。

首相致韦维尔将军：

我注意到，你已命令刚到新加坡的"旋风"式战斗机飞往巨港，这一决定是否意味着你对防守新加坡彻底失望？如果能说明缘由，我将不胜感激。

1942 年 2 月 2 日

韦维尔将军致首相：

1 月 29 日，我同皮尔斯访问新加坡时就已经决定将大部

分战斗机撤至苏门答腊。部队撤至新加坡后，岛上四个飞机场中的三个暴露在敌军炮火攻击的范围之内。空袭机场的规模日益扩大，因此有必要将轰炸机撤到苏门答腊比较安全的基地上。马来亚的沦陷说明据守苏门答腊南部、维护那里的机场极其重要，这样就可以展开攻击，缩小敌机轰炸新加坡的规模。另外，用战斗机保卫这些机场也必不可少。

新加坡机场已经暴露，继续把战斗机停在那里是自取灭亡。同时，我们希望尽一切努力保护战斗机，这就需要在卡兰机场保留一个飞行中队的力量；同时，如果条件允许的话，我们可以利用其他机场为从苏门答腊起飞的战斗机加油。

我认为，上述安排为新加坡空防提供了最好的保障。因此，我们有百分百的决心誓死守卫新加坡。

1942 年 2 月 3 日

首相致韦维尔将军：

1. 听说你打算为从苏门答腊岛起飞的"旋风"式战斗机加油，从而保卫新加坡，我深感欣慰。

2. 但是，你的大部分战斗机不能从自己的基地截击敌机，而要在苏门答腊和新加坡之间往返，这会浪费大量时间，而且对你来说也极为不利。

3. 虽然我知道新加坡基地的飞机可能有暴露的风险，但却不明白为什么在日军进犯新加坡时，苏门答腊基地也迫切需要战斗机防卫？此外，我们还想在 2 月底前用"雅典娜"号和"无畏"号为你运输约九十架"旋风"式战斗机。因此，我希望，使用战斗机增援新加坡时，能冒一切必要的风险。

4. 我们很难理解的是，留在岛上的战斗机为什么有一半是"野牛"式战斗机？如果必须限制数量，这些战斗机一定要现有质量最好的。

1942 年 2 月 4 日

* * *

2月8日早晨，巡逻队报告，敌军正在位于岛屿西北方向的种植园集结。我们的据点均受到猛烈袭击。晚上十时四十五分，位于克兰寺河西部的第二十二澳大利亚步兵旅遭到日军第五师团和第十八师团的攻击。这次袭击的高潮是敌军乘坐全副武装的登陆舰艇，越过柔佛海峡作战；这是敌人长期周密计划的结果，他们精心选定了从陆地上发起进攻的地点，一早就把这些舰艇从陆路运到了下水的地点。战斗非常激烈，我军击沉了许多船只。由于澳军地面部队少，日军成批从多个登陆点登陆。等到澳军重整旗鼓的时候，敌人已经占领了阿马肯村——那里有许多交叉纵横的大道和小路。第二天早上八时，敌军开始向登嘉机场进攻。很明显，我们可在克兰寺和裕廊河上游中间比较狭窄的一道地峡中建立一条狙击线。第二十二澳大利亚旅和第四十四印度旅奉命撤退到这一阵地，由司令部后备队调遣两营士兵予以支援。

军事报告如下：

玻西瓦尔将军致韦维尔将军：

　　昨夜敌军在西海岸强势登陆，已向前推进五英里。登嘉机场已落入敌军之手。据守此地的澳军旅伤亡惨重。司令部后备队予以增援，暂时让敌军难以前进，但由于我军防守的海岸线极长，形势极其严峻。已制定出计划：如有必要，势必集中兵力掩护新加坡。

　　　　　　　　　　　　　　　1942年2月9日

* * *

9日晚，在长堤和克兰寺河之间的第二十七澳大利亚旅防线遭到

同样的袭击，敌军再度占据有利位置，于是在该旅和克兰寺河—裕廊河一线中间就有了一道缺口。不仅如此，两个旅从西部撤退到这条没有任何防御工事的战线上时还走过了头，他们还没来得及往回走，敌军就已经越过这条线。英军第十八师的那支有三个营的大部队和第十一英印师的一个旅接连被派去收复戈登·贝内特的战线上的阵地，可是，到了 10 日晚上，日军已经逼近武吉智马村，在坦克的支援下又占领了不少地方。

消息一传来，我马上致电韦维尔将军：

首相致韦维尔将军：

我们对新加坡局势的看法如何，想必你很清楚。据帝国总参谋长对内阁所作汇报，玻西瓦尔现有十万余兵力，其中有三万三千英军，一万七千澳大利亚军。我怀疑，日军在整个马来半岛的五个师加上即将到来的第六师总人数都不超过十万人。在这种情况下，我军在人数上一定大大超过了已经渡过海峡的日本军队，他们将英勇抗战，击败敌人。在这关键时刻，绝不能想着如何保全军队和平民。此次战斗必须不惜一切代价，坚持到底：第十八师有机会凭此一战名垂青史；所有的司令官和高级军官应当同战士们浴血奋战，同生共死；此外，捍卫大英帝国和大英军队的荣誉也在此一举。我相信你绝对不会姑息任何胆怯和懦弱的行为。苏联人一如既往地作战，美国人也在吕宋顽强抗敌。同样，我们国家和民族的名誉也系于这次战争。所以，务必调遣各部队与敌军短兵相接，打败他们。我相信你也是这么想的，之所以说出来，也是为了帮你分担压力。

1942 年 2 月 10 日

韦维尔以绝望的语调报告了新加坡之行。

韦维尔将军致首相：

1. 我在新加坡停留了二十四小时，刚刚回来。正准备离开时，收到您发来的电报，在与各位师长和总督会见时我会将电报中的指示转达给他们。我给玻西瓦尔将军也留下了同样的书面指示。

2. 新加坡保卫战进行得并不顺利。日军凭其惯用的渗透战术，以比正常快得多的速度向新加坡岛西部推进。我已经命令玻西瓦尔将军派所有可用的军队进行反攻。我军士气低落，无心恋战。地面条件对防御极为不利——四面环水，临水陆地十分广阔。现在主要的麻烦是，一些增援的军队缺乏充分训练；日军有勇有谋，还掌握了制空权，这造成了我军的自卑感。

3. 我正尽一切努力激发战士们的斗志，培养他们的乐观情绪，但我还不能说这些努力现在已经完全奏效。我已经做出明确指示，决不允许有任何投降的念头，所有军队必须坚持战斗到最后一刻。

4. 我认为玻西瓦尔可以调用的军队没您说的那么多，他手上最多不超过六七万人。但是，如果他的士兵们个个士气高涨，下定决心同敌军决一死战，那就绝对能够应付已经登陆的敌军。

5. 北部的三个机场有一个已落入敌人手中，另外两个被轰炸，无法使用。敌人还在不停地轰炸南部的机场，这个机场也快用不了了。

6. 从新加坡回来时已近深夜，我不小心在码头摔了一跤，折断背部两根小骨。伤势不重，但须住院数天，可能近两三个星期行动不便。

1942 年 2 月 11 日

＊　　　＊　　　＊

2 月 11 日，全线混战。我们从后备军抽调一支混合部队，填补麦克里奇水库和武吉智马公路之间的缺口。靠近敌人那一头的长堤已被破坏，我方掩护部队一撤离，他们就迅速将长堤修好了。当晚，日本禁卫旅越过长堤前进，逼近义顺村。第二天，即 12 日，第三军奉命撤退到一个环形阵地——阵地从武智吉马公路延伸到第五十三师据守的两个水库，并扩展至巴耶黎巴村和卡兰。从章仪岬调来的要塞部队聚集在这条战线的后方。12 日，我军在武智吉马公路以南同敌军激战了一整天。第二十二澳大利亚师依然坚守武吉智马村以南的阵地，尽管敌军已在此攻击了四十八小时，但依然没能击退他们。可是，现在整个澳大利亚师孤立无援，不得不奉命撤退到东陵，第四十四印度旅和第一马来亚旅正是在此地向南延伸了战线。

13 日，日军未取得任何战果。在敌军重炮轰击两小时后，驻守在巴实班让山的马来亚团依然顽强抵抗，成功击退了日军第十八师团。

＊　　　＊　　　＊

13 日，通过海路将三千名指定人员撤至爪哇的既定计划正式实施。奉命撤离的人员包括一些政府要员、技术人员、参谋人员、护士以及其他对战争有特殊价值的人。一同撤离的还有在要塞指挥空军和海军的空军少将普尔福德和海军少将斯普纳。这竟是他们人生中最后一次海上航行。一支前往苏门答腊岛的日军护航舰队在海上袭击了他们。这两天，从新加坡启航的八十来只各式各样的小船遭到了敌军的袭击，不是被击沉就是被俘房，我们也是到战后才知道普尔福德和斯普纳的下落。2 月 15 日，他们乘坐的船只遭到敌军驱逐舰的攻击，之后被冲到一个小岛上。普尔福德和斯普纳和同行的大约四十五人成功上岸。其中有一位年轻的新西兰军官随即坐上一只本地小船启程，历尽艰难险阻，终于在 2 月 27 日平安抵达巴达维亚。虽然那时爪哇也是一片狼藉，但还是派出一架飞机去拯救这些幸存者。不幸的是，这一努力还是白费了。这些染上疟疾的生还者苟延残喘地生活在这个岛上，孤独而寂寞，看不到一点希望，所幸敌军还未惊扰此地。在 3 月底前，普尔福德及其十三个同伴已经牺牲，到了 4 月斯普纳一行四人也全数丧生。5 月 14 日，幸存的高级军官、空军中校阿特金斯仿佛感觉末日即将来临，于是同另外七人乘坐一艘本地船驶到苏门答腊，向日军投降，日军随即差人到岛上把剩下的几个人带走，让他们在新加坡战俘营里受尽各种折磨。

*　　*　　*

14 日的战斗主要是在南部的武吉智马公路两侧展开，我军被迫撤退，后来才知道我们已经退到最后一道防线上。此刻，新加坡市内的情形骇人听闻。劳工溃散，自来水供应不足，仓库落入敌军之手，军用粮食和弹药几近枯竭。这时候，我军已经着手进行有组织的破坏计划。固定防御工事的大炮和高射炮，以及秘密装备和文件已全部被销毁。所有航空汽油和空投炸弹都被烧毁或者炸毁，海军基地的破坏工作引发了混乱。虽已下令击沉浮船坞、破坏抽水机械，但计划中的不少项目还是没有完成。

当天，海峡殖民地总督向殖民地事务部报告：

> 司令官向我报告，新加坡市现已被完全包围，方圆三英里内有一百万人居住。供水系统遭到严重破坏，不太可能维持二十四小时以上。街道上尸横遍野，无法埋葬。我们现在面临断水的威胁，这恐怕会导致瘟疫盛行。我认为我有责任将这一情况报告给司令官。
>
> 1942 年 2 月 14 日

　　　　　　　＊　　　＊　　　＊

以下是韦维尔将军和玻西瓦尔将军之间来往的电报。应我要求，几个星期后我才在伦敦收到。

韦维尔将军致玻西瓦尔将军：

　　你们一定要像现在这样坚持抗战到底。但是，如果我们的努力完全付之东流，可以护送那些勇敢果决的人乘坐小船离开，他们可以取道南行，途经多个岛屿，前往苏门答腊。如果这种小船有保护沙袋，并配备有机关炮或两磅炮弹的小炮，可用来保卫苏门答腊海面。

　　　　　　　　　　　　　　　　　　　1942 年 2 月 13 日

玻西瓦尔将军致韦维尔将军：

　　目前敌军距海岸不到五千码，新加坡全市已在其野战炮的射程之内。我们还面临着断水断粮的危险。根据各指挥官汇报，参战部队已经疲于应战，他们既不能抵抗顽强的进攻，又不能发动反攻。可是，我们殷切希望有机会采取攻势，尽管只是做做样子，但现在连这一点都做不到，因为连担当此任的军队都没有。在这种情形之下，我麾下的指挥官一致认为，因争取时间而使新加坡市内遭到浩劫、造成惨重的伤亡将得不偿失。鉴于远在海外的祖国对此十分关心，我觉得必须转达他们的意见。他们认为，战争一定会发展到这样一个阶段，到那时即使是流血牺牲也无法保障军队和平民的利益。我们正在执行您于 2 月 10 日下达的指示，但在上述情形之下，您能否考虑一下给我更大的自由行动权？

　　　　　　　　　　　　　　　　　　　1942 年 2 月 13 日

* * *

韦维尔将军致玻西瓦尔将军：

你必须继续抵抗，令敌军遭受最大损失，而且时间越长越好，如有必要，可进行巷战。如果你们能牵制敌人、造成敌军伤亡，可能会对其他战区产生重大影响。我完全了解你的处境，但有必要继续战斗。

1942 年 2 月 14 日

这时韦维尔给我发来以下电报，看来这已成定局：

韦维尔将军致首相：

接到玻西瓦尔来电，得知敌军已经逼近市区，他的部队已无力继续反攻。我已下达命令，势必竭尽全力使敌军遭受最大损失，必要时进行巷战，但恐怕坚持不了多久。

1942 年 2 月 14 日

* * *

读者可能还记得我于 1 月 21 日给三军参谋长的备忘录，文中曾提到放弃保卫新加坡，将援军转调仰光，还提及为何没能坚持我的主张。当时，我们铁了心要在新加坡决一死战（其实不过是在争取我们梦寐以求的时间），而胜利的唯一机会是下达强制命令——奋不顾身地抗战到底。从电文中可以看出，韦维尔将军接受了命令、并做出保证，随即他向玻西瓦尔将军施以重压。战场上的将军不需要了解指挥战事的最高领导有何疑虑，只需接受简单明了的指示即可，这是战场上永恒不变的准则。可是，现在新加坡已经完全没了希望，我认为不应该做无谓的牺牲，因为我们不但看不到胜利的希望，还会使这个本来就人口稠密、一筹莫展且惊慌失措的城市陷于巷战的恐慌之中。我把自己的立场告知布鲁克将军，他也认为国内不应再向韦维尔将军施加任何压力，而应授权给他，以便他在必要时作出决定，我随即发出电报，表明我将和他共同承担后果。

首相致韦维尔将军：

一旦新加坡的战事不能取得任何进展，就由你全权决定下一步的行动，并以此指示玻西瓦尔。帝国总参谋长表示赞同。

1942 年 2 月 14 日

总司令随即向玻西瓦尔下令，内容附在他发给我的电报里：

韦维尔将军致首相：

在过去的四十八小时内，我收到玻西瓦尔发来的两份电报，他说，市内水源短缺以及遇到的一些其他困难使得作战力量锐减。我两次回电时都命令他坚持作战到最后一刻，现我又发出一封电报，内容如下：

韦维尔将军致玻西瓦尔将军：

只要你还能让敌军蒙受伤亡和损失，而且由你率领的部队还能坚持，就必须继续作战。在这紧要关头，争取时间并给敌军造成损失极为关键。当你再也无能为力之时，我允许你见机行事，停止抵抗。在停战之前，所有对敌人有用的兵器、装备和运输工具都必须销毁。同时，还要给那些意志坚定的士兵一切机会，让他们想方设法逃离。另外，他们必须全副武装。请告知你的打算。不管情况如何，我对你和全体部队在最后几天做出的不懈努力表示最诚挚的谢意。

1942 年 2 月 15 日

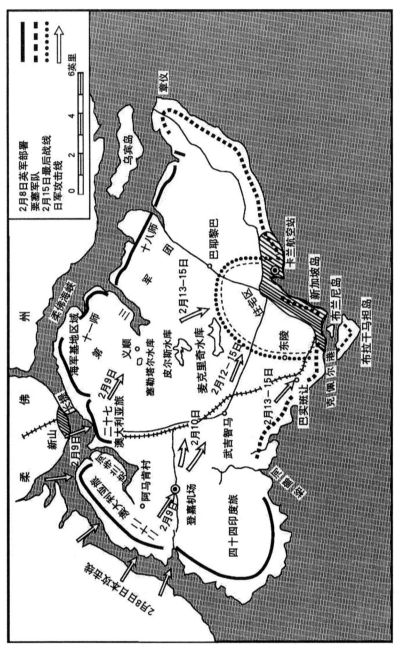

新加坡岛

2月15日，星期日，新加坡正式投降。军队的粮饷只够用两三天，枪炮弹药极其短缺，汽油也用光了。最糟糕的是，供水系统最多只能再维持二十四小时。高级指挥官向玻西瓦尔将军提议，要么反攻，要么投降。可在此时，部队已经筋疲力尽，无法反攻。因此，玻西瓦尔将军决定投降，他随即发出最后一封电报，通知韦维尔将军这一噩耗。

> 由于敌军的不断攻击，水、汽油、粮食和弹药全部用尽，我们难以继续作战，各级将士已经竭尽全力，感谢你的支援。
> 1942 年 2 月 15 日

应日军要求，我们无条件投降。晚上八时三十分，战争宣告结束。在这一悲痛时刻，我们收到了伟大的同盟国来电，颇感欣慰。

> 罗斯福总统致前海军人员：
> 我知道新加坡沦陷对您和英国人民来说影响重大。这给那些喜欢指手画脚的人留下了话柄，但无论这次挫折多大（我从不低估它的严重程度），我们都必须向前看，进一步采取行动打击敌人。我明白，这几个星期可能会很难熬，但还是希望您能尽快平复下来。因为英国人民非常信任您，我也十分想念您。如果有任何地方我可以帮得上忙，请务必告知……切盼回音。
> 1942 年 2 月 19 日

第七章

SEVEN

潜艇的乐园

敌军潜艇扩充速度惊人——美国沿岸水域船只遭受袭击——希特勒在国内拼命召集德国军舰——英国的愤怒——对我们极为有利的调动——德国潜艇在美国大西洋海岸肆意横行——英国派遣反潜艇舰队前往美国——在圣纳泽尔取得辉煌战绩——希特勒犯下的错误：没有全力投入潜艇作战——秋季的战斗——冬天的天气带来喘息的机会

　　我们以轻松而又激动的心情欢迎美国参战。因为从今以后，一位拥有无限资源的伙伴将会替我们分担重任。同时，我们还有望在今后的海战中迅速控制住德国潜艇。尽管在同盟国倾尽全力之前，我方必然会遭受损失，但有了美国的帮助以后，我们在大西洋的生命线就有了保障。这样一来，我们就可以在中东和欧洲发动反希特勒之战。但目前看来，远东战况最为激烈。

　　但1942年发生了许多惨烈的事件，在大西洋战场，这一年也是整个战争中最为艰苦的一年。到1941年年底，德军潜艇舰队已增加至二百五十艘左右，而且每个月还会另外增加十五艘，据海军上将邓尼茨汇报，这些潜艇中有将近一百艘可以作战。起初，我们的联防力量远远强过单独作战，但我们现在已经变成一个非常大的攻击目标，所以还是无法抵御敌人新一轮的进攻。德军潜艇在美洲水域肆意横行长达六七个月，其实也几乎将我们卷入了无休止的战争灾难之中。假如我们被迫中断大西洋上的航运，或是暂时对其严格限制，那么我们所有的联合作战计划也会受阻。

　　12月12日，在德国元首出席的一个会议上，最终决定向美国沿海发动潜艇战。由于当时许多德国潜艇和最优秀的指挥官都被调到了

地中海，再加上邓尼茨奉希特勒之命不得不在挪威和北冰洋海域保留一支强大的海军，因此战争初期德国只派出了六艘重达七百四十吨的大型潜艇。这些潜艇于 12 月 18 日至 30 日奉命离开比斯开湾港口，深入纽芬兰和纽约沿线北端，靠近返航运输船队汇集的港口。在那里他们旗开得胜。到 1 月底，我方接近二十万吨、共计三十一艘船只在美国和加拿大沿海被击沉。很快，他们的攻势便朝南推进，越过汉普顿海峡和哈特勒斯角，直达佛罗里达海岸。这条重要的海上航线到处都是毫无防御的美国和盟国船只。宝贵的油轮船队也沿该航线连续不断往返于委内瑞拉和墨西哥的石油港口。如果这条交通线遭到破坏，我们整个战时经济和全部作战计划都将受到影响。

在加勒比海有许多可袭击的目标，但德国潜艇却专挑油船作为主攻对象。不管是中立国还是同盟国，他们的船只都遭受了猛烈袭击，且这种屠杀式袭击的规模在日益扩大。2 月份，德国潜艇在大西洋击毁我方船只已增至七十一艘，合计重达三十八万四千吨，除两艘外，其余全部是在美洲海域被击沉。这是我们自开战以来遭受到的最严重的一次损失。不过，战况很快就发生了逆转。

*　　　*　　　*

这一损失虽然尚未达到 1917 年最严重时期的悲惨数量，却远远超出这次战役中已有的记录，还是由区区十二至十五艘同时在该区域执行任务的德国潜艇造成的。这几个月以来，美国海军提供的防御明显不足。全面战争在这两年不断向美洲大陆推进，而美国却没有为这种致命的进攻做足准备，这实在让人意外。在罗斯福总统推行的"全面支援英国但不参战"政策下，美国的确给了我们很多帮助。他们曾向我们支援了五十艘旧驱逐舰和十艘美国缉私船，而我们也将极为宝贵的西印度群岛作为交换。但我们盟国却不幸让这些船只遇难。珍珠港事件爆发以后，太平洋防御给美国带来了巨大压力。然而，不论是这次战斗发生之前还是发生之时，美国对我们所采取的防御措施一清二

楚，但他们却没有为沿海的护航和增添小型船只制订任何计划，这实在是太不寻常了。

同样，美国也没有为海岸的空防制订计划。美国陆军航空部队几乎控制了所有以海岸为基地的军用飞机，但没有接受过反潜艇战的训练；而海军虽拥有水上飞机和水陆两用飞机，但无法进行反潜艇作战。因此，正是在这关键的几个月里，美国的防御体系才艰难踌躇地建立起来。在此期间，美国和所有同盟国在船只、货物和人力方面遭受了重大损失。如果德军派他们的重型水面舰只袭击大西洋，那么损失将会更为惨重。当时希特勒以为我们打算近期进攻挪威北部，而这一狭隘的想法致使他错过了在大西洋的大好机会。他将一切可用的水面舰只和大量珍贵的潜艇都集结在挪威海面。他说："挪威是决定此次战役命运的地区。"正如读者所见，挪威的确极为重要，但此时德军的制胜机会在大西洋。德国的海军上将都主张海上进攻，但也只是白费力气，因为他们的元首希特勒固执己见，加上当时石油短缺，使得这一决策更为有力。

早在1月份，希特勒就已将自己唯一一艘，同时也是世界上最强大的战列舰"提尔皮茨"号派往特隆赫姆。

首相致伊斯梅将军，转参谋长委员会：

1. 我们得知"提尔皮茨"号在特隆赫姆出现这一消息已有三天了。击毁或重创这艘军舰是当前海上的头号目标，任何其他作战目标都不能与它相提并论。"提尔皮茨"号现在不可能像在布雷斯特或德国本土港口那样有高射炮的保护。就算它只是受创，也很难将其拖回德国。因此，夜间袭击无疑是最好的办法，但夜袭效果肯定不如白天。如果袭击成功，那么全世界的海军形势将会大为改观，而且我军能重获太平洋的制海权。

2. 轰炸机部队、海军航空兵部队和航空母舰之间必须进行合作。我们应立即拟订作战计划，在白天或黎明时分同时

派出航空母舰上的鱼雷飞机和重型轰炸机发起攻击。在这一时期，整个战略目标都转移到"提尔皮茨"号战列舰上，因为它致使数量是其四倍的英国主力舰陷于瘫痪，更别提美国那两艘被困在大西洋上的新型战列舰了。我认为这件事情迫在眉睫且至关重要。因此，我明天将会在内阁提到这件事，并且在星期二晚上召开国防委员会时，就此事作详细讨论。

1942 年 1 月 25 日

*   *   *

希特勒决定将"沙恩霍斯特"号和"格奈森诺"号两艘战列巡洋舰调回本国港口，作为其防御方针的一部分。这两艘军舰被封锁在布雷斯特已将近一年，同时对我军海上护航队造成严重威胁。1 月 12 日，德国曾就这一问题在柏林召开特别会议。当时，德国海军当局为贯彻元首方针而讨论了作战计划。在会上，希特勒发言如下：

> 驻守在布雷斯特的海军部队立了头号战功，因为他们成功牵制了敌方空军，使其无法对德国本土发起攻击。只要这几艘战舰完好无损，敌人就不得不对其进行攻击，这样一来，这种有利形势便会继续存在。既然我们的舰只在布雷斯特能牵制住敌方海军，那么将它们调驻挪威也会取得同样的效果。如果这些舰只在四五个月之内能够继续维持完好无损的状态，且之后又能用于大西洋作战，那么随着整个战略形势的变化，我可能还是更倾向于继续让它们留驻布雷斯特。但在我看来，战略形势不一定会这样发展。因此，我决定将这些舰只撤出布雷斯特，以免它们因暴露而随时遭到袭击。

由于这一决定当时在英国引起不少骚动和疾呼，所以我在这里说了一些题外话。

*　　　*　　　*

　　2月11日晚，这两艘战列巡洋舰连同"欧根亲王"号巡洋舰逃出了布雷斯特，并成功穿过英吉利海峡，重获本国港口的庇护。

　　正如我在前文中所提到的那样，鉴于我们冬天在地中海遭受了重大损失，整个东方舰队又暂时无能为力，因此，我们不得不派出几乎所有的鱼雷飞机保卫埃及，以防敌人从海上发起侵袭。但我们也做好一切准备以监视布雷斯特，并打算用鱼雷和炸弹分别从海上和空中应对敌军一切突围行动。同时，我们还沿着海峡和荷兰沿海一带假定的航线铺设了水雷。海军部猜测敌军可能会在晚上通过多佛尔海峡，但德国海军上将为避开我方巡逻选择晚上离开布雷斯特，而在白天从多佛尔海峡的炮火中逃脱。德国海军上将于11日午夜前驶出布雷斯特。

　　12日清晨，大雾弥漫。当我们发现敌舰的时候，我方巡逻飞机的雷达却突然失灵。而且我们岸上的雷达也未能侦察到它们。当时我们认为这只是一起不幸的事故而已。但战争开始之后，我们才意识到是德国雷达总指挥马蒂尼将军精心策划了这起事件。德国的雷达干扰技术之前相当不成熟，但自从添加了新装置以后，他们的技术大为增强。然而，为了在攸关生死的那一天不让我方产生怀疑，德军陆陆续续地将这些新干扰器投入作战，因此，他们的干扰技术看起来像是一天天逐渐增强的。所以我方雷达操作人员并没有大发牢骚，也没有察觉到任何异常现象。但到2月12日的时候，德军的干扰非常强烈，我们的海上监视雷达实际上已发挥不了作用。直到上午十一时二十五分，海军部才得知这一消息。但那时德军出逃的巡洋舰以及强大的护航飞机和驱逐舰距布洛涅已不到二十英里。午后不久，多佛尔海峡的重炮炮台开始开火，由五艘鱼雷快艇组成的第一批作战部队也立即进行海上攻击。由埃斯蒙德少校（他领导过对"俾斯麦"号的第一次袭击）率领的六架"旗鱼"式鱼雷飞机还未等到十多架"喷火"式战斗机支援的到来便从肯特郡曼斯顿出发。敌军战斗机对"旗鱼"式飞机发起猛

烈进攻，"旗鱼"式飞机虽向敌军投掷了鱼雷但却损失惨重。这些飞机无一生还，只有五个幸存者获救。埃斯蒙德被追授维多利亚十字勋章。

轰炸机和鱼雷轰炸机一批接一批地不断对敌军展开攻击，直到夜幕降临才停止。我方同德国战斗机进行了激烈的混战，由于敌军在数量上占优势，我方损失更为惨重。当德国巡洋舰于下午三点半左右离开荷兰海岸时，从哈里季开来的五艘驱逐舰又对其展开了猛烈的攻击。在德国巡洋舰猛烈的炮火下，这五艘驱逐舰在距敌舰三千码左右的地方发射了鱼雷。然而，不论是遭受多佛尔海峡的炮火攻击还是鱼雷的袭击，德国舰队依然丝毫未损，仍然按既定航线前行，到13日上午，所有德国舰只都成功抵达国内。这一消息震惊了整个英国，英国民众不清楚事情的来龙去脉，自然以为德国控制了英吉利海峡。然而，我们很快就通过情报机关了解到，德军的"沙恩霍斯特"号和"格奈森诺"号战列舰已被我军空投的鱼雷击伤。直到六个月后，"沙恩霍斯特"号才恢复了战斗力，而"格奈森诺"号则再也没有在战争中出现过。但这一消息还不能公开，因此，英国民众怒不可遏。

为了缓和民众的责难，我们进行了一次正式调查，并就可公布的事实作了报告。从事后来看，这一插曲整体上对我方十分有利。罗斯福总统在电报中说道："我在下周一晚上发表广播演讲的时候，会对那些将在英吉利海峡发生的插曲看作失败的人讲几句话。我越来越相信，德国将其所有舰只集中在本国境内，会使我们在北大西洋共同面临的海军问题变得更加简单。"但在当时，除了我们这个参与机密事件讨论的小圈子了解真相以外，在每一个同盟国成员看来，这件事情非常糟糕。

我同意罗斯福总统的看法：

首相致罗斯福总统：

　　由于德国海军部队撤离布雷斯特，英国海面和大西洋的海军形势定会有所缓和。德国舰队过去在布雷斯特对我军开

往东方的所有护航队都造成了威胁，迫使我们另派两艘军舰护航。而他们的分舰队既能开到大西洋的贸易航线上，又能驶入地中海。因此，我们宁可它们停留在现在所在的地方，而不是原来的布雷斯特。因为这样一来，我军轰炸机的力量终于不用再分散开来，而是可以集中起来专门对抗德国。最后，您可能已经知道，"欧根亲王"号战舰已经受创，而"沙恩霍斯特"号和"格奈森诺"号也被鱼雷击中，其中"沙恩霍斯特"号甚至被击中过两次。这样一来，它们至少在六个月内不能出来惹是生非，而在此期间，英美双方的海军力量都能得到有力补充。当然，我们十分遗憾未能将它们击沉。目前，我们正在就敌舰为何能在白天开出海峡展开调查。

1942 年 2 月 17 日

*　　　*　　　*

直到两个多月以后，我才能在 4 月 23 日召开的秘密会议上向下议院公布这些重要事实。

英国忠诚民众对于这两艘敌舰能顺利穿过海峡感到非常震惊，这令我印象深刻……为满足埃及战场的需求，我方鱼雷飞机力量已被削弱。至于海军方面，显然，我们并没有将主力舰留在英吉利海峡。目前，英国人民也将注意力转移到另一事实上，即我们仅有六艘驱逐舰可用来攻击德国战列巡洋舰。因此，有人质问我们，其余的舰队在哪里？对此，我们的回答是，其余战舰从过去到现在都远在大西洋护送从美国运来的粮食和军火，如果没有这些物资，我们便无法生存。许多人对敌军舰队穿过英吉利海峡一事感到震惊与恐慌。因为它们本可以向南突破，驶入地中海；也可以远涉大西洋，袭击商船；或是向北行驶，试图穿过挪威的峡湾抵达本国海面。然而，在公众看来，最不可能的途径便是他们竟然取道英吉利海峡并穿过多佛尔海峡。因此，我将在这里宣读一下海军部的述评摘要，这份摘要写于德国巡洋舰突围的前十天，即2月2日，而当时德国在不断进行演习和航行试验，且德国护航驱逐舰也已就位，这一切已经说明了德国的意图。评述内容如下：

表面看来，德军穿过英吉利海峡一事似乎十分危险。然而，这有可能是因为他们的重型舰只能力不足，所以他们才宁愿选择这条航线，这样一来，他们便能依靠强大的驱逐舰和飞机提供的安全保障，而且他们早已知晓我方在英吉利海峡没有能与之抗衡的重型舰只。因此，我们或许会看到这两艘战列巡洋舰和那艘装备八英寸火炮的巡洋舰，连同大小驱逐舰各五艘一起经海峡北上，另外，空中还会有二十架战斗机保驾护航（如果需要增援，随叫随到）。

综合所有因素考虑，我们发现德国军舰向东行驶、经海峡北上的风险似乎比经由海路前往挪威要小得多。鉴于德国舰队只有在做足准备时才会冒险，因此，如果他们要离开布雷斯特，通过英吉利海峡这一航线似乎是他们最有可能采取的途径。

正如我预料的那样，引用海军参谋部在这件事情发生之前起草的文件给下议院留下了深刻印象，事后任何解释都达不到这种效果。

*　　　*　　　*

与此同时，德军继续在美国大西洋沿岸大肆侵扰。一位德军潜艇司令向邓尼茨报告称，如果再派出十倍数量的潜艇，他们就能找到更多攻击目标。德军潜艇白天潜在海底，一到晚上便在海面高速行驶并选择最有价值的攻击目标。这些潜艇发射的每一枚鱼雷几乎都击中了目标，当鱼雷耗尽的时候，大炮又能发挥同样的作用。大西洋沿岸和滨海各城市曾灯火辉煌，而如今那里的居民每晚都能听见海岸附近作战的声响，看到船只在海面燃烧、沉没，有时他们还得救助幸存和受伤的士兵。民众对政府十分愤慨，而政府处境也很尴尬。然而，美国人虽然容易被激怒，但却没那么容易被恐吓。

我们在伦敦也为这些不幸感到忧虑和悲痛。早在 2 月 6 日，我便私下致电霍普金斯，对其予以告诫：

> 德国潜艇在大西洋西面和北面击沉了大量舰只，损失惨重，最好确认一下这是否引起了总统的注意。自 1 月 12 日以来，已确认的损失达十五万八千二百零八吨，预计的损失为八万三千七百四十吨，可能出现的损失为一万七千三百六十三吨，共计二十五万九千三百一十一吨。

2 月 10 日，我们主动向美国海军提供了二十四艘装备最好的反潜艇拖网船和十艘反潜快艇，同时还配备了训练有素的船员，他们受到了盟国的热烈欢迎。第一批船只于 3 月初抵达纽约，虽然数量很少，但我们已竭尽全力。"这些全是英国提供的，他们已倾尽全力。"直到成立了必要的组织，且聚集了基本所需的护航队，沿海运输船队才能启程。现有的作战舰只和战斗机最初只用于巡逻受威胁的地区。敌军很容易躲开巡逻队，在其他地方对毫无防御的目标展开攻击。2 月 16 日，一艘德国潜艇出现在荷属西印度群岛阿鲁巴岛的大油港外，在击沉一艘小型油船和重创另一艘以后，又从海港外面炮轰岸上的设备，不过并未造成严重损失。敌军还试图发射鱼雷袭击一艘停泊在旁边的大油船，但以失败告终。同日，其他德国潜艇在海上同一区域击沉了另外三艘油船。不久，另一艘德国潜艇驶入英属圣卢西亚岛的卡斯特里港，击沉了两艘停泊在此的船只后竟完好无损地撤离。定期将部队运送至远东的邮轮通常在这里加油，然而，近来发生的事件让我们不得不改变它们的航线。幸运的是，"玛丽王后"号和其他大型邮轮没有在这一带遭遇袭击。

3月，查尔斯顿和纽约之间的区域局势紧张，敌军一艘潜艇在整个加勒比海和墨西哥湾一带肆意徘徊，无所忌惮，这令人难以忍受。这个月沉没的船只近五十万吨，其中有四分之三是在距美洲海岸不到三百英里的地方被击沉的，且近半数吨位属于油船。而德国仅在美洲水域损失两艘潜艇，它们是被3月份在纽芬兰海面护航的美国飞机击沉的。直到4月14日，美国驱逐舰"罗珀"号才击沉一艘德国潜艇，这是水面舰船第一次在美国大西洋海岸击沉敌舰。

*　　*　　*

3月份的时候，我重新思考了当时那场战争的主要特点。

首相致哈里·霍普金斯先生：

1. 大量油船在西经40度以西和加勒比海地区被击沉，对此我深感担忧。1月份有十八艘船只被击沉或击伤，共计二十一万一千载重吨；2月份数量增至三十四艘，共计三十六万四千九百四十一载重吨；在3月的前十一天中，有七艘船只被击沉，共计八万八千四百四十九载重吨。据报告，单昨天一天就有总计达三万吨的船只被击沉或击伤。这样一来，在两个多月的时间里，光在这些海面就有将近六十艘油船被击沉或击伤，共计约为六十七万五千载重吨。此外，还有数艘油船延误了日期。

2. 你们通过调整大西洋运输船队的任务，解除了大量美国驱逐舰横渡大西洋航线的护航任务，这样一来，它们便可执行其他任务。我们已将二十四艘反潜艇拖网船转交于你，其中有二十三艘已抵达你处。

3. 鉴于现在形势危急，我们有必要采取一些重大举措。

我们非常希望在我方转交给你的十艘反潜快艇参战前，你能从太平洋地区撤出一部分驱逐舰，从而另外提供护航部队以便在西印度群岛百慕大地区组织紧急运输船队。

4. 除此之外，仅有两个备选方案：一是暂时停止油船的航行，但这会严重危及我方战时物资的供应；二是延长哈利法克斯—联合王国间的运输周期（即减少运输量），这样短期内就可以抽出足够的护航舰增援西印度群岛的护航队。但我们必须要意识到，这不仅会进一步削减我们每月三万吨左右的进口量，而且不能立即生效。

5. 我希望海军高层能立刻就这些备选方案展开讨论。如果延长运输船队的周期，我们势必要暂时削减进口量，这样的话，你就必须考虑在下半年为我们新增吨位以帮我们解决这一问题。我直接与罗斯福总统讨论整件事情是否合适？望请告知。

6. 收到罗斯福总统关于重大问题的精彩电报，我如释重负。我们对战争形势的发展看法一致，这让我感到欣慰。请向金和马歇尔转达我的问候，并转告他们："美好的日子即将再次来临。"

1942 年 3 月 12 日

*　　*　　*

总统就这一问题和海军整体形势同海军上将展开激烈的讨论，之后便详细地回复了我的电报。他对拖网船和反潜快艇的到来表示欢迎。同时，他还就节省横渡大西洋的护航舰只数量这一问题提出了各种方案，包括将运输周期延长至 7 月 1 日，到那时，美国大量增产的小型护航舰和飞机将全面投入使用。最后，总统还就我们下半年的进口计划向我做出了必要的保证。

几天后，总统又发来电报对上次内容进行补充，从中我感到一丝

紧张。

罗斯福总统致前海军人员：

　　近来，您致电霍普金斯表明您对采取行动反击大西洋潜艇威胁一事的关心，这使我不得不请您重点考虑如何猛攻潜艇基地、建造场地和修理场地这些问题。因为只有这样，我们才能在潜艇生产源地和集结地制止它们的活动。

1942 年 3 月 20 日

在研究与制订计划后，我回复了总统的电报：

前海军人员致罗斯福总统：

　　1. 为了瓦解德国潜艇日后的阴谋，我们将重点轰炸德国潜艇的老巢。我们昨晚已派出二百五十架轰炸机前往吕贝克，其中包括四十三架重型轰炸机，据说它们取得了有史以来最好的战果。这一计划是按照您的意愿进行的。

　　2. 海军部和皇家空军海防总队已经制订一项作战计划，准备在比斯开湾各出海口日夜巡逻。比斯开湾的港口是德国潜艇前往加勒比海和美洲沿岸作战路线最短、最理想的出发地。德军目前的做法是白天在水中潜行，夜里在海面加速行驶。我们希望，我军飞机的夜袭和威胁能阻碍他们的夜航活动，从而迫使他们在白天露面。因此，日夜威胁至关重要，因为这样能够延长它们的航程并缩短你方作战时间。由于往来于巡逻区域的德国潜艇从来没有少于六艘，所以我军的反击每月都有望击毁或击伤这些潜艇，这一优势对该计划更为有利。

　　3. 由于你方沉船损失仍然十分惨重，就算组成了护航队也只能弥补部分损失，因此，海军部立即决定派遣四个轰炸机中队，之后再增加六个中队前往比斯开湾执行新的巡逻任

务。说实话，我迫切希望能满足他们的愿望。

4. 另一方面，很有必要对德国进行轰炸。我们发现目标的新方法效果非常显著。然而，我们的轰炸机部队却没有像我们所希望的那样得到扩充。"兰开斯特"式飞机的翼尖在结构上存在的缺陷，令我们深感失望。这样一来，我们就不得不要求四个中队在几个月内停止使用最先进、最强大的飞机。正是在这个时候，天气开始好转，德军正将高射炮撤出各城市准备进攻苏联，而你们也一心盼望着我们轰炸德军潜艇的老巢，加上油船目标又特别引人注目，我发现要从轰炸机司令部调出这六个空军中队非常困难，更何况哈里斯在那里干得非常出色。

1942 年 3 月 29 日

* * *

我们在圣纳泽尔取得了英勇辉煌的战绩，3 月至此告终。一旦"提尔皮茨"号受创，圣纳泽尔是整个大西洋海岸唯一能让它入坞修理的地方。圣纳泽尔是世界上最大的船坞之一，若能将其摧毁，"提尔皮茨"号从特隆赫姆突围进而挺进大西洋就会更加危险，或许它就会认为这样做不值得。我们各支突击队都跃跃欲试，这是一项光荣的任务，且与高明的战略不可分割。在皇家海军赖德中校的率领下以及埃塞克斯团纽曼上校的协助下，3 月 26 日下午，由驱逐舰和轻型海防舰船组成的一支远征队带着二百五十名突击队员从法耳默思起航。他们要在敌人的严密巡查下在海面上横渡四百英里，还要从卢瓦尔河口北上行进五英里。

远征队的目标是摧毁大水闸的闸门。"坎贝尔顿"号是美国五十艘老驱逐舰之一，舰首装载了三吨烈性炸药，在敌军强大而又密集的炮火下直捣闸门。"坎贝尔顿"号在闸门处自动凿沉，舰上主要爆破装置的引信已经装好，随后就会引爆。贝蒂少校将该舰带到此处，而科普兰少校则率领一支登陆部队从甲板跳上岸。他们与拥有压倒性优势的德军狭路相逢，展开一场激烈的战斗。登陆部队或是被杀，或是被俘，最后只有五人幸存。赖德中校率领舰艇及其残余部队向远海突围时，虽然遭到来自四面八方的袭击，却奇迹般地得以继续航行且平安回到国内。但是大爆炸仍然没有发生，因为爆炸装置的引信出了问题。第二天，大批德国官员和技术人员正检查堵在闸门处的"坎贝尔

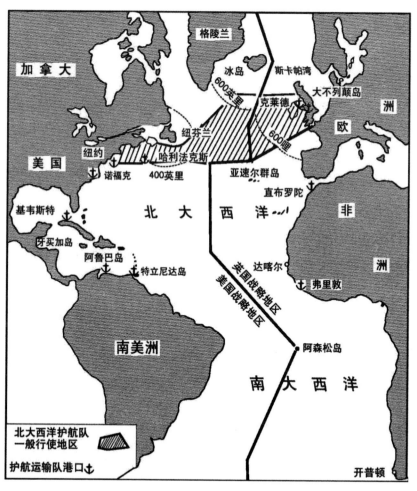

大西洋防御体系，1942 年

顿"号残骸，直到这时，这艘军舰才爆炸，而它爆炸的巨大威力更是让数百个德国人丧命，同时也炸毁了大水闸，使其在整个战争期间都未能修复。德军对我方俘虏以礼相待，俘虏中有四人曾荣获维多利亚十字勋章，但对勇敢的法国人给予严厉惩罚，因为这些法国人由于一时冲动从四面八方赶去援救他们心目中的解放先锋。

* * *

4月1日，美国海军终于能够着手实行局部沿海护航制度。刚开始的时候，这项制度不过是让几队有护航的船只白天在护卫森严的停泊地之间航行一百二十英里，夜间所有船只停航。每天往来于佛罗里达和纽约之间的船只中至少有一百二十艘需要护航，由此引发的延误又是一大灾难。直到5月14日，美国海军才完全组建起一支护航船队，从汉普顿海峡驶往基韦斯特。从那以后，这一制度迅速向北扩展到纽约和哈利法克斯，到5月底，从基韦斯特沿东海岸向北延伸的护航链终于形成。虽然敌军潜艇仍然能够避开我方的攻击，但我方船只的损失也有所减少，因此，形势马上缓和了不少。

由于加勒比海和墨西哥湾还没有实行护航制度，邓尼茨海军上将便立刻将其攻击目标转移到这两个地方。因此，加勒比海和墨西哥湾的油船损失的吨数急剧上升。德国潜艇航行得越来越远，并开始出现在巴西沿海和圣劳伦斯河上。直到这一年年底，覆盖整个浩瀚海域的连锁护航制度才开始全面实行。但在6月份的时候，情况已有所改善，可能到7月底，美洲沿岸船只遭受的恐怖袭击才结束。读者从后文的图表中可见，在这七个月的时间里，同盟国仅因德国潜艇的袭击在大西洋上蒙受的船只损失，总计超过三百万吨，其中包括一百八十一艘英国船，总计一百一十三万吨。在所有船只的损失当中，护航舰的损失不足十分之一。然而，截至7月份，敌军不过在大西洋和北冰洋损失了十四艘潜艇，其中只有六艘是在北美洲海面被我军击沉的。7月份以后，我军掌握了这一地区的主动权。仅7月份一个月的时间里，我军就在大西洋沿岸摧毁了敌军五艘潜艇，还在其他地方击毁了六艘德国潜艇和三艘意大利潜艇。这个月总共击毁十四艘敌军潜艇，其中有一半是被护航舰击毁的，这使我们倍受鼓舞。到目前为止，这是我军取得的最好的战绩，但是尽管如此，敌军每个月投入作战的新潜艇数量还是超过了我们所击毁的敌舰数量。

此外，同盟国的反攻在哪里开始生效，邓尼茨海军上将便从哪里调走他的潜艇。既然有浩瀚的海洋可供其活动，那么在我们赶上他之前，他总能在新海域上获得短暂的安全。早在 5 月，我方便有一支运输船队在爱尔兰以西约七百英里处遭遇袭击，损失了七艘船只，因此，我军横渡大西洋相对自由的航运已遭到破坏。随后，敌军潜艇又在直布罗陀地区发起攻击，并再度出现在弗里敦附近。这时，希特勒再一次帮了我们的忙，他坚持要求保留一支潜艇部队，以备粉碎盟国占领亚速尔群岛和马德拉群岛的企图。我们知道，希特勒想到这一点完全没错，不过，假如我们下定决心这样做，他们仅靠潜艇不可能对我们的行动产生重大干扰。邓尼茨海军上将对这项关于他所珍视的潜艇而做出的新要求感到遗憾，因为此时美洲沿岸的太平日子刚好结束，而且他正重整旗鼓，准备重新攻击我方主要护航路线。

德国的潜艇袭击是我军最大的灾难。假使德国人当时将筹码都押在潜艇上，那他们简直太聪明了。我记得我曾听我父亲说过："在政治上，一旦掌握了好方法，就要坚持下去。"同样，这也是一条重要的战略原则。正如戈林在 1940 年不列颠战役中屡次转移他的空袭目标一样，现在，由于其他诱人的目标竞相出现，潜艇战便有所缓和。然而，在境遇不佳的时候，潜艇战还是非常恐怖的。

我们应该对下面这份统计表进行研究。

商船在大西洋上遭受潜艇袭击的损失
1942 年 1 月至 7 月（包括 7 月）

月份	(1) 美国海防线（距北美洲海岸三百英里的界线以西）		(2) 美国战略地区〔西经 26 度以西，不包括（1）〕		(3) 英国战略地区（西经 26 度以东）		(4) 总计	
	艘	总吨数	艘	总吨数	艘	总吨数	艘	总吨数
1 月	31	196243	9	68284	6	32575	46	297102
2 月	50	286613	19	86555	2	10942	71	384110
3 月	61	354489	13	70058	7	35638	81	460185
4 月	48	276131	13	88917	6	30975	67	396023
5 月	91	451991	26	133951	3	15567	120	601509
6 月	80	416843	25	164186	9	45982	114	627011
7 月	45	192851	8	46383	16	111529	69	350763
总计	406	2175161	113	658334	49	283208	568	3116703

以上共计三百一十一万六千七百零三吨的五百六十八艘船只中，有护航的仅有五十三艘，二十八万四千吨。

＊　　　＊　　　＊

在此，我们最好还是叙述一下其他地方战事的进程，并稍加提及截至 1942 年年底大西洋战场所取得的进展。

8 月，德国潜艇将其注意力转移到特立尼达周边地区和巴西北海岸，因为那里有将矾土运往美国供其航空业使用的船只，还有输送物资的船只络绎不绝地开往中东，这些对德军来说都是最诱人的目标。此外，还有一些出没无常的德国潜艇在弗里敦附近活动；有一些往南开到了好望角，还有几艘甚至深入到印度洋。南大西洋的战况曾一度令我们感到不安。在 9 月和 10 月，有五艘独自返航的班轮在南大西洋被击沉，但所有在护航队保护下开往中东的军队运输舰都丝毫未损。在损失的众多大型舰只中，有一艘重达两万吨的"拉科尼亚"号战

舰，当时它正载着两千名意大利俘虏前往英国。可是其中很多俘虏都被淹死了。

这时，主要的战斗又一次发生在北大西洋的几条重要的运输航线上。德国潜艇早就意识到要重视我方空军的力量，因此，它们在新一轮的进攻中几乎完全在中间地带活动，因为我方以冰岛和纽芬兰为基地的飞机无法飞到这里来。8月份，有两支护航船队遭遇重创，其中一支损失了十一艘船；在这一个月里，德国潜艇共击沉我方一百零八艘船，总计超过五十万吨。9月和10月，德国又故技重施，白天进行水下袭击。由于在"狼群"① 中作战的德国潜艇数量增多，而我方资源有限，因此，我方护航船队遭受严重损失在所难免。直到现在，我们才强烈地意识到我方海岸司令部超远程飞机数量不足。空军掩护区域离我们的海岸基地仍未超出六百英里，且距纽芬兰也不过四百英里左右。本书所附的大西洋防御体系地图标明了这些区域，并显示了中间大片无防御的空隙区，在这一片区域，历经风险的水面护航舰只得不到任何空中掩护。

* * *

在1942年最初的几个月里，我们的海岸司令部经历了一段艰难时期。远东和地中海战场强烈要求增援，这大大削弱了司令部的飞机数量和训练有素的机组人员的力量，而这些人力和物力还要满足其他需求，导致力量逐渐分散。此外，我们曾热切期盼的添设新的远程飞行中队来扩充空军海防总队的计划，也不得不暂时中断。在这种艰难的形势下，我方空军人员仍然尽了最大的努力。

白天进行水下袭击是德国潜艇惯用的伎俩，虽然我方海军护航舰只能够提供正当的保护加以应对，但海军护航舰自身绝对不能离运输船只太远，也粉碎不了敌军从两侧发起的猛烈进攻。因此，当"狼

① 指二战时德国潜艇小队。——译者注

群"进攻时，我方护航舰可以联合足以突破敌军防御力量的舰只一起反击。我们还意识到，改良的办法在于围绕每一艘运输船，也就是说，我们不但要派出水上护航队进行护航，还应该派出数量足够的飞机以发现并迫使周围的德国潜艇潜入水中，这样就能为运输船队开辟一条畅通无阻的通道。实际上，只有防御措施还不够。要战胜德国潜艇，我们必须海空并进，积极搜寻敌舰，一旦发现它们，当场予以重击。我方所需的飞机、训练有素的机组人员和空中武器在数量上还不足以产生决定性影响，但我们现在已利用水上部队组建了一支"支援分遣队"，并开始展开活动。

这一战略思想早就有人提出来了，只是缺乏实施手段。

第一支支援分遣队由两艘海岸炮舰、四艘刚从造船厂运出的新式快速巡洋舰和四艘驱逐舰组成，并在后来的潜艇战中发挥了至关重要的作用。这支分遣队配备了训练有素、经验丰富的船员，还拥有最先进的武器。他们打算不依靠护航队而独自作战，同时，他们不受其他任务的限制，只要受到敌舰威胁就搜寻、追捕并歼灭潜艇群。支援分遣队和空军之间的合作是这些计划取得成功的关键因素，而且在1943年，飞机发现潜艇后指引支援分遣队围剿目标这一现象已十分常见。此外，追寻一艘潜艇往往很有可能发现其他潜艇，这样一来，目标就会由一开始的一个变为一"群"了。

与此同时，运输船队也需要海上空军的支援，此事已得到密切关注。读过前文的读者可以回想起我方第一艘护航航空母舰"大胆"号在其短暂而活跃的生涯中取得的成功。"大胆"号在1941年12月遇难。截至1942年年底，已有六艘这样的航空母舰投入作战。后来，许多航空母舰都是由美国建造的，英国只建造了几艘，而英国建造的第一艘"复仇者"号曾在9月随苏联北部护航队航行。10月下旬，英国建造的航空母舰在为"火炬"运输船队护航时，有力地抗击了敌军潜艇，第一次露面就大显身手。在配备了海军"旗鱼"式飞机之后，它们更能满足当时的需求，即对深海进行全面侦察、不依靠陆上基地以及与海面护航舰只紧密合作。我们竭尽全力并发挥聪明才智使我方反潜艇措施大为改善；但敌军力量也在不断增强，因此，我们还会面临许多严重的挫折。

从1942年1月到10月，参与作战的德国潜艇（损失不计）已经从九十艘增至一百九十六艘，而且其中约有半数的潜艇到秋季会再次活跃于北大西洋，我方运输船队在那里遭受了前所未有的潜艇大队的猛烈袭击。同时，非洲是我们的主战场，我们不得不为此极力削减我方护航舰数量。盟军11月份在海面遭受的损失在整个战争期间最为惨重，仅由德国潜艇造成的损失就有一百一十七艘，总计超过七十万吨，由其他原因造成的损失为十万吨。

*　　*　　*

因空军无法掩护，公海情况更为恶劣，因此，我于11月4日亲自召集了一个新的反潜艇委员会，专门处理这方面事宜。这一机构有权做出重大决策，在战争中发挥了不小作用。为了大力延长有雷达设备的"解放者"式飞机的航程，我们决定将它们从战斗部队中调回，以做必要的改进。罗斯福总统按照我的要求，将所有安装了最新式雷达的美国飞机全部调到英国开展活动。这样一来，我方军力得到增强，设备也更为先进，现在就能在比斯开湾重新开展军事活动了。这一决定以及其他在1942年11月采取的措施将会在1943年得到回报。

首相致麦肯齐·金先生：

　　1. 最近护航舰在跨大西洋航线中段遭受惨重损失，这令我十分担忧。以往经验表明，空中护航能起到巨大保护作用，它能够让德国潜艇白天潜入海底，从而很难聚集成群。

　　2. 在护航航空母舰尚未使用前，我们必须依靠以海岸为基地的远程飞机。现在，所有可用的护航航空母舰都用于联合作战，且无论如何，护航航空母舰的数量在数月内都不足以护卫所有的护航队。我们打算增大部分"解放者"式飞机

的油箱容量，使其有效航行范围达到两千三百英里，但是，为了护卫所有的运输船队，这些远程飞机必须从大西洋海岸的机场以及冰岛和北爱尔兰的机场起飞。

3. 因此，我们迫切希望能够利用拉布拉多半岛的古斯机场，以便这些远程飞机开展反潜艇作战行动，同时，我们还恳请你们尽早备好必要的加油和地勤设施。我们在甘德也需要同样的设施，所以请在那里采取相同的措施。之后，我们还想派一个海军司令部的空军中队前往这些基地作战。在此期间，只要加拿大飞机能够扩大航程，支援受到威胁的运输船队，就会对减少损失产生极大的价值。

1942 年 11 月 23 日

*　　*　　*

加拿大与我方通力合作。在我方防御力量的猛烈攻击之下，敌军潜艇的攻势开始减弱并有所忌惮。10 月份，我方共击毁敌军十六艘潜艇，这是自战争以来我方击毁敌军潜艇数量最多的一个月。但在 1942 年年底，由约二十艘潜艇组成的敌军潜艇部队在亚速尔群岛附近突袭了我方一支出航的运输船队。在三天的时间里，我方共损失了十五艘船只，其中有十二艘是英国的。

在 1943 年决战的时候，敌军潜艇的实力虽然达到最强，却还是受到我军有力的挑战与牵制。关于这件事情的详细内容，且待后文说明。

冬天的气候给我们带来了一丝喘气的机会。

附　录

首相以个人名义发出的备忘录与电报

1942 年 1 月

首相致伊斯梅将军，转参谋长委员会：

为赶上意大利人在亚历山大港取得的战果①，我们正在采取什么行动，以及诸如此类的措施？请据此写一份报告给我。战争初期，杰弗里斯上校对于此事有许多明智的想法，但鲜少得到鼓励。连意大利人都已采取技术高超的攻击行动，我们有何理由不采取同样的行动？我们应想到，我们才是本应领先的那一方。

请将确切情况汇报给我。

1942 年 1 月 18 日

首相致空军大臣：

我听闻你拖欠了四十五架本应当于 12 月份交付苏联的飞机，且 1 月 25 日以前尚不能补齐，我还听说 1 月份的份额要到 2 月才能结清。

应当交付苏联的飞机短缺数量相对较少，而你保留这批飞机对解决你的主要问题也起不到什么作用，我对此深表遗憾。

我必须强调，如数、如期向苏联运送飞机意义重大，因为我们能

---

① 指意大利海军在亚历山大港用"人控鱼雷"击伤英国军舰一事。——译者注

帮到他们的仅此而已。

1942 年 1 月 18 日

有关机场防卫问题致空军部和陆军部的备忘录

1. 重要的是，各项安排应当简单明了。首要目标是安排好机场的就地防卫工作，在空袭准备阶段和空袭进行时，机场均需统一指挥。

2. 应由皇家空军负责这种就地防卫工作，因为其在机场驻有大量人员。尽可能将人员从青年军营中解放出来，并将其他军事人员从静态防卫工作中解放出来，以充实机动野战军，这一点也十分重要。

3. 为接管所有现有机场，皇家空军除现有的六万六千名地勤人员之外，还需一万三千人。因为可以从分派给陆军用作防卫机场的最高限额中扣除这批人员，这附加的一万三千人不会对国家人力资源造成额外负担。

4. 以上所述与陆军部应就地解决入侵者或闯入者的一般职责并不相悖，尤其是在及时采取行动保卫并援救飞机场的责任上更不会存在矛盾。本土部队总司令为达成此目的将做出必要安排，而且必要时，他将协调本土部队作战行动与机场防卫人员的行动。本土部队总司令将向就地防御计划提出建议，以协助空军的工作，而且他将拥有独立检察权，以该计划是否具有实效作为标准，（随时）向陆军部报告，并抄送空军部。

1942 年 1 月 22 日

首相致伊斯梅将军，转参谋长委员会：

此事（关于对苏供应短缺的报告）十分严重。如果这一数字确实真实无误，那么这就等同于背信弃义。请务必告诉我，你们对此事的解释、精确的数字以及已经交付苏联的数量。如果后勤部门负责的部分有任何短缺，就是直接违抗内阁的命令。

1942 年 1 月 23 日

首相致帝国总参谋长和陆军情报局局长：

　　不久前，我得知土耳其已将其大部分兵力从色雷斯调至亚洲海岸，这定是约翰·迪尔爵士给他们出的主意。我已告诉美国总统此事。但是目前看来，不是我得到的情报有误，而是其部署已有变化。

　　请告诉我实情，因为我必须向总统辩白。

1942 年 1 月 23 日

首相致空军大臣：

　　美国先锋部队四千余官兵将于周日晚或周一晨间抵达贝尔法斯特。我将邀请美国大使同北爱尔兰的总督以及总理一同前往迎接。在这批官兵到达时，我希望三军大臣的其中一个也能前去迎接，如果你能辛苦一趟，我当感激不尽。为协调安排事宜，你或许要同内政大臣取得联系。

1942 年 1 月 23 日

首相致空军参谋长：

　　尽管一周内出动次数很少，但这种（飞机消耗）总数着实惊人。我必须要求你做出大幅度削减消耗的提案。我希望你能向我保证，你们能够做到这一点。

　　同时，请将作战时被敌军击毁的飞机数量及剩余数量分别报告给我。

1942 年 1 月 24 日

首相致飞机生产大臣：

　　请向我汇报本周产量极少的理由，这一周可没有节日。你提供的 1 月份的所有数据都令人十分失望，且远远落后于指标。

1942 年 1 月 24 日

首相致空军参谋长：

1. 在我看来，"无畏"号第二次前往马来半岛时，应再搭载四个中队的"旋风"式飞机。这些飞机应从中东调拨，且应尽快用运往马耳他的战斗机替代。

2. （特德空军中将发来的）报告显示，已抵达东方的飞机在加油和保养方面遇到了难题。我昨天接到的关于塔科拉迪航线的报告显示，塔科拉迪已挤满大量"旋风"式飞机和"伯伦翰"式飞机。现在还不需要着急，因为"无畏"号还未曾搭载第一批飞机出航。但国防委员会必须得在本周内进行决策，并制订时间表。

1942 年 1 月 25 日

首相致海军大臣：

是否真的有必要在每次发讯号时都把"提尔皮茨"号写成"冯·提尔皮茨海军上将"号？

此举定会浪费许多信号员、译电员和打字员的时间。而"提尔皮茨"号这一名字已足以代表这头"野兽"了。

1942 年 1 月 27 日

首相致伊斯梅将军，转参谋长委员会：

西非旅现已从东非调回国内，是否应当让其做好准备，以增援远东韦维尔将军负责的战区？请就此进行考虑。

请尽快将时间表报送给我，据我了解你们已完成一半。

1942 年 1 月 30 日

首相致伊斯梅将军：

请将每个印度师（仍在训练的师也包含在内）的驻防地点，连同该师人员与大炮的大致数量制表报送给我。

1942 年 1 月 30 日

首相致陆军大臣和新闻大臣：

我对报上刊载的有关新加坡形势的所有消息都十分关注。比如说，我看到报纸上说，出于防御考虑，我军已在该岛北面后撤一英里。为何要作这样的报道？考虑到敌军的围攻现已到紧要关头，因此我们不能将我方的想法如此直白地透露出去。参谋人员应当对约翰·沃德洛－米尔恩爵士在下议院作的报告好好研究一番。前些时候，我曾要求韦维尔将军在新加坡实行更为严格的新闻审查制度。此事执行得如何？新加坡的报纸似乎正极为殷勤地泄露自己的家底。毕竟，他们可是在防御一个要塞，而非如布克曼①那般开展宗教复兴运动。

1942 年 1 月 30 日

首相致空军参谋长：

请注意，战斗机司令部一千五百五十架可用的飞机，在一个星期内就有一百二十六架损坏，也就是说，十二架飞机中就有一架损坏，而在这一周几乎没有战斗。请向我报告，一共出动了多少架飞机对付敌军？也请在这一周内，将战斗机司令部发生事故的详细分析报告给我，至少写明十个原因。

想不到在我们的公共储备极少、应当为春季战斗积聚力量时，却产生了这些浪费。

1942 年 1 月 31 日

1942 年 2 月

首相致帝国总参谋长：

1. 由于国务大臣利特尔顿先生即将离开开罗，我思量了一番，想出了一些略微不同的安排办法，即：

（1）由奥金莱克将军任该战区海、陆、空三军的最高司令官。

---

① 弗兰克·布克曼（1878—1961），美国人，1921 年在英国牛津创立了基督教的一个新教派，当时称为牛津社团。——译者注

（2）驻开罗的内阁大臣除接管利特尔顿先生遗留的全部工作外，还需负责后勤方面的大部分工作。

2. 为何我们前方的勤务工作与敌方的勤务工作相差甚远，为何我们能够作战的坦克只占如此小的比例？似乎很有必要找出其中的缘由。

3. 请在最近几天将你的个人看法报告给我。

1942 年 2 月 22 日

首相致空军大臣和空军参谋长：

1. 诸多方面认为，由于空军方面的新闻和宣传对普通的日常战斗情况报道过多，反而自讨苦吃，搬起石头砸自己的脚。许多人一听到有关空军的消息，就把收音机关了。之所以如此，或许是因为此类报道无可避免的千篇一律，也或许是因为听众以偏概全。因此，战士们的丰功伟绩与重大事件无法得到应有的颂扬和重视。

2. 我奉劝你们，无论是发布公报、进行广播，还是向内阁报告，都应事先经过更为严格的甄选。前线有敌我双方大军对峙，此时不会有人认为有必要将普通的壕沟袭击战或小规模骚扰战都事无巨细地罗列出来。当然应当每周总结一次各战场的普通战事——例如曾经有一周，马耳他岛的上空战况激烈（或战事频繁），因此出动飞机架次如此之多，击落敌机如此之多等，而不是每天都费力列一张清单。若是如此，那么任何击落敌机二十架或三十架的事件都能给公众留下恰到好处的印象。但现在，空军部的好消息本来足以鼓舞人心，却面临着令人厌倦的风险。所以应不惜一切代价避免单调乏味的重复报道。

1942 年 2 月 26 日

首相致空军大臣：

我绘制了如下表格，阐明在 1941 年我国空军有多少架飞机因敌人的军事行动而被毁或受损，以及有多少架飞机因飞机事故受损：

	由于敌人军事行动而受损的作战飞机（架）	由于飞机事故而受损的飞机（架）	
		作战飞机	教练机
遭到破坏、无法修复的飞机	1900	2500	1100
可以修理的飞机——只能在承包工厂修理的飞机	300	2900	1500
可以由承包工厂派工作组修理的飞机	—	3300	1300
可以由地勤人员修理的飞机	—	1800	1900

的确，几乎所有受损飞机在经修理后又重新投入使用，但是这一切都意味着熟练工人因此耗费了大量的工作时间。虽然没有精确数字可查，但毋庸置疑，到目前为止，飞机生产部的大部分精力肯定是浪费在拼凑或修理由于飞行事故而毁坏的飞机上，而非因敌人的军事行动而受损的飞机上。

请向我报告，你提议采取什么措施来扭转这种令人极为不满的情况。

1942 年 2 月 28 日

1942 年 3 月

首相致伊斯梅将军，转参谋长委员会：

1. 海、陆、空三军军官无论在委员会还是司令部，在各方面对所有共同问题都有同等发言权，这一现行制度让我感到越来越担忧。因为三军军官（高级军官除外）聚在一起时，总会提出大量担忧和难题，这导致士气低落，其作战精神也一落千丈。

2. 我认为，我们应当以在特定地区为特殊任务任命最高司令为发展方向。特种部队司令一职应具有新特征，有时可由一位海军上将担任，有时由陆军或空军将领担任。在参谋工作和制订联合计划时也可

以如此行事。在研究任何计划时，三军中任何一军的军官受命制订计划，而其他两军的军官从旁协助。究竟选择哪一军的军官负责制订计划，这有赖于：（1）作战性质以及哪一军种为主力军；（2）相关人员状况。

3. 你们若能仔细思考这些问题，我将不胜感激。

1942 年 3 月 2 日

首相致自治领事务大臣：

（请转交掌玺大臣参阅）

我认为把所有这些悲观情绪（对远东局势的评价）散布到帝国各处不会有多大好处。虽然这里流行如此，但这不管传播到哪里都会产生极为有害的影响。这种悲观情绪是否已经传播出去了？总而言之，大家谈论得过多。在未来几个月内，也许我们将面临截然不同的局势，我们的心情也会发生巨大变化。

1942 年 3 月 4 日

首相致雅各布上校：

在远东有许多地勤人员所在的空军中队遭到摧毁，此事是否属实？新计划是否已考虑到这些人？空军方面现在正为地勤人员预留几乎相当于一个战斗师的舱位。

1942 年 3 月 5 日

首相致帝国总参谋长：

"未能将机枪阵地打哑"，言下何意？对军事行动的此番描述看起来有些古怪。明显只是发生了一次小冲突而已。当然，将机枪阵地打哑的方法就是运来几门大炮进行轰炸。

1942 年 3 月 5 日

首相致掌玺大臣：

我于去年举办过几次"坦克会议"，所有师长均有出席。他们看上去都十分优秀。而我们在前线已获取的经验应该还会继续引发变化。

我一点也不相信速度是坦克最主要的必备条件，当然并不是对所有坦克而言都是如此。不论何时，双方坦克相遇，起决定作用的是装甲和火力。反坦克武器的进步很快，因而皮肤薄弱的人类面临的风险将会越来越多。

1942 年 3 月 8 日

首相致彻韦尔勋爵：

我同意你的备忘录大纲（关于民间消费的进一步限制办法）。我特别反对对娱乐业征收重税。适度定量配给面包，以便引进我们因租借法案才得到的更有营养的食品的方法，我认为值得一试。实施定量配给总好过把储备物资吃尽、用光。现在出现了令人愤慨的面包浪费现象，而且还时常用面包喂猪养鸡。最要紧的是降低价格，让最贫困的人也能买得起全部配给品。

我反对"艰苦第一"政策，因为那些善于将厌战情绪逐步蔓延视作投降前奏的人们，往往会向人民群众灌输这种思想。

应该根据进口量估算各项提议的价值。如果能够大量节约某种物品，我们就力求实现；但要是为了满足或试图满足那些佛里特街的新闻记者，而着手施行诸多无谓的限制政策，就非明智之举。这些记者被免除军役，也未肩负重大责任，整天就在斯特兰德大街的餐厅里吃吃喝喝。

你应当以更为恰当的形式草拟一些办法，并提交给我。

1942 年 3 月 10 日

首相致空军参谋长：

拨给陆军的俯冲轰炸机的情况如何？比弗布鲁克勋爵订购这种飞机的确是一年多以前的事情了。请将交货日期和国防委员会讨论的日期告诉我。这些飞机如今在何处？已有多少飞机交货？预计接下来三个月的交货情况如何？从空军角度看，这些飞机怎么样？

1942 年 3 月 13 日

首相致第一海务大臣：

我注意到，我方鱼雷飞机虽然袭击了"提尔皮茨"号，但并未击中，当时它在烟幕的掩护下逃脱。为何菲利普斯海军上将不知道这种策略？他有没有办法制造烟幕？他的驱逐舰无法释放烟幕吗？还是因为怕妨碍驱逐舰上的高射炮射击？

1942 年 3 月 13 日

首相致陆军大臣、莱瑟斯勋爵和彻韦尔勋爵：

请尽早于方便时相聚，一道讨论本文件提出的问题①。陆军部把两个澳大利亚师连同其所有未拆卸的车辆送往澳大利亚（该处不存在敌军登陆的情况）的错误做法是否属实？此事浪费了多少船舶运力？请向我提议，对于我们将来的总方针，应下什么指令？

1942 年 3 月 13 日

首相致新闻大臣：

我们确实可以向报社社长或编辑指出，其在刊登主张采取具体行动或警告人们注意特定地区的危险的文章之前，应征求新闻部的军事顾问的意见。劳森将军完全有能力给予指导。例如，假若我们想占领熊岛或斯皮茨卑尔根群岛，报纸发文拥护就会使我军在本次军事行动中面临更大的危险。或在文章指出，星期四岛或圣诞岛是十分重要的战略据点，我们应竭力守住；或指出当地居民十分恐慌；或指出已采取特殊措施对灯火实施管制——所有这些都将使敌人的注意力集中在这些地方，因而会增加危险。我们这样做，并非是故意严加管制，而

---

① 关于拆卸车辆以便节省船舶的舱位问题。

是为了禁止一切臆测，所以事先征询合理意见才最能令人满意。世界上其他任何国家都不会预先告诉敌人他们可能要采取的行动，也不会告诉敌人他们自己最薄弱的地方。

这对进攻大陆一事的影响更为重大。整个春季，英国报纸一直在鼓动进攻大陆。因此敌军为抵抗进攻，定会加强准备工作和改进防御工事。在这种情况下，如果我们采取行动进攻大陆，定会让许多英国人丧命。我明白，这对媒体来说难以接受。一旦采取军事行动，对那些可能因此丧命的士兵及其家属而言也是难以接受的。你定能运用你的权威和影响力向报社社长和编辑解释诸如此类的观点。

当筹划军事行动时，臆测的危害性等同于泄密。敌人并不知道这不是泄密。本来有希望进行的军事行动，由于报纸对其展开了讨论，我们实际上可能会不得不放弃。如果我们即将着手展开进攻，我会将这一切看得十分重要。有人说，报纸写得越多，其重要性自然就变小了，这种说法并不能让我得到任何安慰。敌人相当聪明，这些报纸经由里斯本几天之内就能送到他们手中。他们会仔细查看这些消息，并与其他情报对照以鉴别真伪。

1942 年 3 月 22 日

首相致伊斯梅将军：

你应给汉基勋爵写一封信，大意如下：

"关于你在上议院谈到国防会议召开时间过晚的问题，首相已对该问题进行了调查。

"过去的六个月里，共开会十九次，或者说是每月开会三次。这些会议中至少有一半在午夜之前就结束了。"

1942 年 3 月 29 日

首相致帝国总参谋长和本土部队总司令：

如果我们相信联合情报中心发布的最新预估数字（德国人拥有的坦克登陆艇数量），那么有关八百艘特制船舶的传言以及在这一传言基础上对入侵规模的推论就都过时了。我一直怀疑八百艘船舶之事，也曾屡次询问过这一谣传是否属实。

我希望，我们的所有估算都能及时更新。

1942 年 3 月 30 日

1942 年 4 月

首相致海军大臣：

1. 新造船计划。你提议建造排水量为两千两百五十吨的驱逐舰，请将详情报告给我。我不明白的是，与从航空母舰起飞的战斗机起到的掩护作用相比，其在防备鱼雷飞机方面所起的掩护作用究竟如何？这样做是因为"威尔士亲王"号和"却敌"号遭遇浩劫的缘故吗？负责掩护的驱逐舰究竟应距被保护的战列舰队多远？请将你的看法报告给我。

2. 现在正值德国潜艇大量出产之际，以上所有设备都需尽快建造，而且越多越好，此时，我自然反对用二十一个月的时间建造一艘驱逐舰。一般来说，一艘排水量为两千两百五十吨的非装甲舰艇——实际上就是一艘"侦察"号级的巡洋舰——是违背海军造船原则的。你建造的舰船既不是巡洋舰也不是驱逐舰，将成为德国潜艇的猎物，而不是猎取德国潜艇的猎人。依我看，这种舰艇毫无装甲保护，不堪一击，其所载一百八十名官兵将会葬身于任何轻型巡洋舰之手。

3. 如果不建造为两个舰队所用的大型驱逐舰，而改为建造更多一年内就能完成的那种级别的驱逐舰，那么我们能建造多少艘？

4. 混淆舰艇型号是严重的错误。我方海军成功抵制了增加旧式"快速"号级舰只的诱惑。

5. 你要建造威力巨大、花费高昂（对战争任务来说）的驱逐舰来保护战列舰队，违背了战列舰的使用原则。

1942 年 4 月 2 日

首相致生产大臣、军需大臣以及伊斯梅将军，转参谋长委员会：

1. "丘吉尔"式坦克。我们必须对我们的政策进行一次检查。一千一百八十五辆坦克已交货，其中约九百辆已在军队手上。未来六个月，我们或许可以造出一千辆进行了最新改良、装有能发六磅炮弹的大炮的新坦克，或建造五百辆新坦克，并在这一千一百八十五辆坦克中选择五百辆进行改装。必须仔细权衡两者的优劣，再做出选择。

2. 和平时期，没有任何有竞争力的公司会为这一千一百八十五辆坦克操心，而是会迅速生产改良过的新产品。如果我们这样做，就可以拥有一千辆新坦克，还有这一千一百八十五辆已交货的坦克。所有新坦克都装有能发六磅炮弹的大炮；这一千一百八十五辆都装有能发两磅炮弹的大炮。那么，我们总共有两千一百八十五辆坦克。如果在影响生产新坦克的情况下改造这一千一百八十五辆，我们将得到五百辆新坦克、五百辆改装过的坦克，以及未经改装的六百八十五辆坦克，总计一千六百八十五辆。

3. 照第二种办法，我们会损失五百辆坦克，而且我们还得放弃五百辆为发射两磅炮弹准备的炮塔，因为目前我们想不出这种炮塔还有什么用处。这可是纯粹的损失。该如何决定还要看这一千一百八十五辆坦克的质量。未加改进的坦克究竟有什么用处？也不能说它们一点用处也没有。每两辆随军参战的坦克中，只有一辆需要修理。大概同"马蒂尔达"式坦克修理比例一致，而与各种型号的巡逻坦克相比，是二比一对三比一。我们生产一千辆可以发射六磅炮弹的新型"丘吉尔"式坦克，并充分利用这一千一百八十五辆旧式坦克，这样做岂不是更好？我自己会思考这一千一百八十五辆坦克可能的用处。状况最差的两三百辆很可能会用来防卫飞机场。其余的坦克将在不妨碍生产新坦克的情况下，逐步进行改装。

4. 与此同时，应当慎重处理这一千一百八十五辆中的其余坦克。有些可以作教练坦克。加拿大反坦克旅对这些坦克十分赞赏，并且说在操纵过拖拉机的驾驶员手中，这些坦克的损坏程度可以大为降低。我们能否通过发奖金等方法，并通过增加实践使英国驾驶人员获得同样娴熟的驾驶技术？必须向指挥官询问这一问题。另一个向他们提出的问题是，"丘吉尔"式坦克是否损坏太多，已不合时宜地拥塞了战地修理厂。若是如此，在能发射六磅炮弹的新型"丘吉尔"式坦克抵达时，可暂时搁置其中一些旧坦克。鉴于敌军入侵的危险现已有所降低，充分装备装甲部队的工作可以相应延迟。我们也应进行部署，以确保这一千一百八十五辆坦克中没有一辆在本国以外使用。

5. 思考整个问题，不改装这一千一百八十五辆坦克，并对这些坦克以及能发射两磅炮弹的大炮进行充分利用，同时以最快的速度生产新型坦克的这一讨论似乎占压倒性优势。请军需部和总参谋部于周一在伊斯特本召开会议之前考虑好。

1942 年 4 月 3 日

首相致空军参谋长：

1. 阿瑟·斯特里特爵士曾交给我一份关于敌我双方在本次战争中实际生产飞机和预期生产飞机的对照表。你是否已浏览过该表？如果这些数据可靠——他以空军参谋的权威保证数据可靠——飞行人员过剩情况似乎马上就会发生逆转。这些数据定会让你有正当理由组建新中队，不仅是为了顶替那些派往国外的中队，而且还要增加额外的中队。

2. 显然，在接下来的六个月内压制敌军、迫使敌军耗尽其日渐枯竭的空军力量极为重要。你能否将显示双方消耗的估计数据告诉我？与同盟国相比，轴心国部署必定更为充分，作战必定更为投入，因为英美大部分空军力量都无法直接在前线战斗；而德国正在苏联、马耳他岛前方和利比亚境内作战，日本空军也在各条战线上同时作战。我们的有利条件是随时随地都可以作战。而我们的难题在于要在宽广的范围内出击，其中运输更是难上加难。

3. 请告诉我，你对于聚集在伯恩默思旅馆的大批飞行员（的安全）有何想法。如果美国按其许诺的那样进行飞机生产，这些人很快便会被征用。

1942 年 4 月 4 日

首相致陆军大臣：

1. 如果你要实际有效地削减（车辆），你必须（比如说）以削减百分之三十五为指标，然后再看你与这一数字还有多大差距。在削减过程中，你必须要"锱铢必较"。如能在一周之内写一份临时报告给我，我将十分欣喜。

2. 明智的方法是颁布一道明确命令：凡未经参谋长委员会特许，船上禁止装载未拆卸的运输工具，而且这种特许只能在车辆需要用于登陆作战时才能发放。澳大利亚部队的车辆从中东运往澳大利亚时没有卸下车轮，这已造成运输上的极大浪费。

1942 年 4 月 4 日

首相致伊斯梅将军，转参谋长委员会：

1. 总参谋部向陆军提出的要求超出了现有及有望得到资源的允许范围；如果满足这种要求，就会破坏皇家空军的独立原则。从这一问题来看，总参谋部需要对空军部的看法进行仔细的考虑和评价，以采纳其可取之处并减少分歧。

2. 将大部分的空军束缚在陆军部队里将产生极大风险，因为其中大多数人将需等待数月甚至数年才能投入战斗。

3. 总参谋部要求特别定制两千四百八十四架运输机，而这似乎超出了现实可能允许的范围。但我迫切希望最大限度地增加空降部队。我们应预备一个方案，将所有过时的轰炸机改装为运输机，或供空降部队使用，或供普通部队使用。对于飞机生产，不应要求必须生产新式的分隔室以装配到现有飞机上，但应成立改装处，并制订完善计划。

4. 飞机生产部称："至少需四年时间才能生产出足够供运输使用的新飞机。"我对此表示怀疑。考虑到对该类飞机的性能标准要求很低而且也很简单，这一问题大家都明白。利用废弃的引擎和其他材料是可以做成各种型号的飞机的。唯一的要求是制造载客运输机，只要保证安全即可，不必统一机型。美国也许愿意制造并分享一种特别定制的运输机，他们是作为长期项目进行的。目前，他们在这方面的进展如何？

5. 同时，我希望我们也能在此提出建议，以改善空降运输计划。我们提出来的计划根本没必要如同制作妇女的化妆匣子那般精密。空军部现有建议刚好符合其将要运载的战术部队的要求。我们的附加要求应包括，无论如何，这种飞机首先应做到可以随时载人或载物。请将之前提议组织的空降师的情况告诉我。我相信，大家都会力求简单，避免华而不实。留意德国人的举动，这将十分有用。

1942 年 4 月 7 日

首相致枢密院长：

1. 除了从野战军中抽出七千名受训士兵前往矿井工作这条建议之外，你文件中有关煤的提议获得了一致赞同。如果这七千人挖煤的数量与普通矿工一致，那么他们在一年内可挖二百万吨煤。在这一关键时刻，让军人离开原位将造成十分严重的影响，因此我希望另寻办法补偿这二百万吨煤。在我看来，许多替代的办法初步来看对我们的总体战争任务损害较小：

（1）从一千二百万吨储备煤中调拨。

（2）同取得其他原料采取的办法一致，对不同用户实行煤配给制度以达到节约目的。

（3）战时生产部门进一步节约。

（4）减少工业用煤，军火工厂除外。

（5）尽可能削减煤炭出口。

（6）以金钱报酬换取矿工部分例行煤炭补贴。

（7）勒令大量未受训的十八九岁青年到矿井工作。

（8）劝导或允许部分已到退休年龄的矿工再工作一年。

（9）尽可能推广露天采煤作业。

（10）让矿工每周加班十五分钟。

对这些所有可能的办法进行考量，每种方法都可以让我们每年获得近百万吨煤，所以补偿这二百万吨煤绝非难事，也不会有损陆军

实力。

2. 你提出的长期项目，包括将超额利润税与采掘吨数挂钩的那些财政规定，也将进一步起到促进煤炭生产的作用。

3. 在此期间，陆军部也准备详细说明本土野战军人员中的矿工数量、采掘工人占多大比例以及其中有多少人加入了战斗部队——也就是说，不在运输部门、皇家陆军兵站部、皇家海军军械部以及其他辅助部门工作的矿工有多少人。陆军部当然可以从其要求的一万两千人中抽调五千人，也可以从英国防空委员会和野战军的其他机构中抽调这五千人。

4. 我希望这些可行的办法能帮助我们渡过难关，从而避免在这种关键时刻采取严重的措施，因为这将有碍陆军稳定。

1942 年 4 月 11 日

首相致第一海务大臣：

能否将使用潜艇补给马耳他的详细资料交给我？我明白从潜艇上拆卸某些大炮将大大提升其运载能力，而且我想将这些详细资料提供给美国当局，以备为科里几多尔供应物资所用。

1942 年 4 月 12 日

首相致第一海务大臣：

1. 请将最后完成修理"纳尔逊"号和重新装配"罗德尼"号的日期报告给我。是否已遵照战时内阁在四个月前的命令，夜以继日地进行有关这两艘军舰以及两艘"安森"级战舰的相关工作？

2. 当前形势紧迫，你确定不建议将"英王乔治五世"号送去重新装配？

3. "马来亚"号到底有什么缺点让萨默维尔海军上将反对使用该舰？其速度如何？其续航力在哪个方面比"英勇"号差？其大炮是否可随时发射？

4. 坎宁安海军上将告诉我，"英勇"号舰上全体人员工作井井有条，他不明白为什么他们还需要很长一段时期进行熟悉。在我告诉他你认为他们要到 6 月底才能做好准备的时候，他似乎十分诧异。

1942 年 4 月 14 日

首相致外交大臣并致伊斯梅将军转参谋长委员会：

1. 众多德意战俘目前正在埃及，还有大批在印度。留在埃及的战俘对陆军来说是负担，而且还会给治安带来风险。尤其是那八千名德国战俘，我们需要派大批军队看守。

2. 霍普金斯先生曾建议道，如果我们请求美国接收这批战俘，美国也许会欣然接受。首先是运走那八千名德国人。许多从红海港口返航的美国空船可以运载他们。根本不需要进行特别护送。

3. 请你们对这一问题进行研究，且就如何行动提出建议，并向奥金莱克将军征询建议。

1942 年 4 月 19 日

首相致伊斯梅将军：

请准确告诉我，自日本于 4 月初发动进攻以来，锡兰的驻军、空军和防御工作进行了哪些改进？哪些援军已抵达科伦坡，哪些正在途中，还有哪些将会在 5 月底到达，或在 6 月底到达？如果我们已经占领马达加斯加，那么应用多少空军和其他军队驻守该岛？请写一份特别的报告给我。我们本应在占领科伦坡之前，而非在占领基林迪尼之前拿下马达加斯加。参谋长委员会定会反对这一观点。

1942 年 4 月 25 日

首相致伊斯梅将军：

看到多份电报上印着"机密"和"亲启"字样，我甚感惊讶。由哪位官员负责此事？请将管理此类文件分发的规定送来给我。我打算将此事呈至内阁会议。

1942 年 4 月 26 日

首相致空军参谋长：

请就如何增加废弃轰炸机的数量写一些方案给我，务必使这些轰炸机尽快供空降军使用。在接下来的三个月，至少要找出一百架轰炸机。我们可不能敷衍应付，让一万名有凌云壮志的人员只使用三十二架飞机。

1942 年 4 月 27 日

首相致陆军大臣：

1. 我已仔细研究过装甲师编制以及现在拟议的步兵师的新编制。从我时常发表的观点来看，已无须表达我对这种编制的赞许。如果步兵要重新获取其作为战场上主要兵种的权利，那么装甲部队与步兵密切、和谐地混合编组则十分重要。在我看来，德国人看重装甲师的炮兵也很合理。简而言之，时移世易，看来装甲师和炮兵师都将成为得利者。我无法相信，任何一位将军在现行步兵师和具有装甲力量的新编师之间进行选择时还要犹豫一会儿才能选定新编师。在我们渴望拥有大编队的装甲部队时，可以轻易地将装甲师整编，正如过去将骑兵旅或骑兵师整编为骑兵军一般。这种编制会因特殊战役或特殊战场的战术需要而自然产生，无须事先规定常设的基干官兵或固定的编制。

2. 请将以下本土野战军在整编之前和之后的力量和组成情况告诉我：

（1）步兵营。

（2）野战炮兵的大炮数量（包括榴弹炮）。

（3）高射炮和反坦克部队。

（4）各类机关枪。

（5）各种类型的装甲战车。

（6）各种类型非作战用的车辆。

（7）各种参谋人员。

（8）各种有关供应、运输，以及后勤工作机构的数量。

（9）各级官兵总数。

3. 将这些新项目与德国的相应项目进行比较，有必要对比师旅官佐占该师士兵人数的百分比来审核我们的新编制。这种比较也适用于通讯、邮政等单位。虽然不能由此推断德国人就是对的，但我认为，至少可以看出他们的杂项开支更少，而供应的战斗人员却更多。

1942 年 4 月 28 日

1942 年 5 月

首相致生产大臣：

我（从 3 月份的《每月进度报告》）了解到，飞机的产量仍然远远落后于计划。重型轰炸机的产量是计划的五分之四，而轻型轰炸机几乎只有计划的一半。因为一个月以前你曾向我们保证过，预定计划是切实可行的，所以这一情况让我十分失望。我希望你能找出真正的限制因素，以便进行改正。

劳动力需求计划长期悬而未决，你在上次会议中也提出过要求，但至今都未提交给我；而关于专业机床的报告及其附带的有关两班制和稀缺型号的说明，我到现在也未见到。

今年下半年，我们能否完全依靠美国获取足够的镁？按照（这份报告）所说，我们得到的镁供应仅有一万零六百吨，而我们需要一万四千九百吨。

我看到这一月度报告并未提及螺旋桨。去年秋季时形势一直令人不安，而到现在困难似乎尚未克服。这一问题极为严重，你当尽一切力量立即改正。

1942 年 5 月 1 日

首相致空军参谋长：

1. 请于明天将 5 月份的轰炸计划，以及打算袭击的主要目标制表送来。我当然清楚，我们的行动受制于天气状况，但是，在交给我的计划中请先将天气因素排除在外。

2. 无疑，你已得知多比将军请求轰炸机司令部骚扰西西里一事。其原因可能在于，在一批（我们的）"喷火"式飞机着陆之前，我们必须压制住敌军攻击。你准备如何处理？"韦林顿"式飞机能否从英国起飞前往西西里实施轰炸？该飞机能否在可能已被炸出许多大坑的马耳他岛飞机场着陆，并于第二天夜里回国再实施一次轰炸？如果不派"韦林顿"式飞机，你准备派什么型号的飞机？我们都很清楚，若非如此不可，必定耗资甚多。请将最理想的计划报告给我。

3. 今天能否派摄影侦察机队前往"提尔皮茨"号上空？此举可弄清其周边的战争形势。因此获得这份情报十分重要。

1942 年 5 月 1 日

首相致海军大臣和第一海务大臣：

1. 很有可能，我们至少三个月不能使用"英王乔治五世"号，而我认为，三个月之后，还需要一段时间让人员熟悉情况。因此，请对以下计划进行仔细研究，以使我们度过这一最危急的阶段。

2. 让"英王乔治五世"号的全体船员同时休假两周或适当的一段时间。在此期间，将"安森"号的船员转移到"英王乔治五世"号上，而"英王乔治五世"号上的船员作为一个完备的、训练有素的单位整体转移到"安森"号上（这两艘军舰在各方面几乎一模一样）。因此，熟悉"安森"号舰上的情况就能差不多完全熟悉"英王乔治五世"号的实际性能。这一变动能使这艘军舰至少提前一个月或六周的时间做好作战准备。

1942 年 5 月 4 日

首相致伊斯梅将军：

这让人十分不满。我们的整体目标是为中东的所有战斗及时供应物资（马勃菌炸弹）。现在我们在这两处的这种炸弹刚好够用，但在任何可能发生的军事行动中都发挥不了重要作用。我已设法在 11 月战役之前将那两处的炸弹送抵中东，即便如此，投入作战的炸弹数量也不可能尽如人意。

1942 年 5 月 6 日

首相致海军大臣和第一海务大臣：

如果你们能够发送以下电报，我会十分高兴：

首相致东方舰队总司令：

1. 我希望你能把注意力放在：（1）将三艘航空母舰联合起来增强防御，而非单独派遣一艘航空母舰；（2）敌机在拂晓前发动袭击的特殊危险以及最好的应对办法；（3）每艘航空母舰所载战斗机和鱼雷飞机的最佳比例，以及你的三艘航空母舰届时可获得的比例如何。

2. 现在尚未清楚的几个重要问题到 6 月 1 日便可弄清，届时我们必须纵观全局，无论如何都要计算损失和危险。

3. 祝你好运。

1942 年 5 月 6 日

首相致生产大臣：

请查阅农业大臣文件的附件（关于美国农业履带拖拉机的备忘录）。大家争议很大的一点是，假使明年在我国的美军有七十五万人，那么我们就需要（生产）更多的粮食，尤其是在大西洋上的情况日益紧张的时候。这些大型履带拖拉机的使用将直接影响到粮食产量，但我尚未被告诉，粮食产量估计会有多少吨。

你能否与农业大臣见一面，并考虑一下这个问题如何与我们对美国的其他要求相配合。

如果一切准备就绪，我便发电报给霍普金斯。

1942 年 5 月 8 日

首相致飞机生产大臣：

十分感谢你发来的（关于 4 月份飞机生产的）备忘录。从附表中可以看到，我们重型轰炸机的产量看上去比承诺的要落后一个月。从之前原定的"高到似乎难以实现"的指标，到现在我们正在为之努力的指标，这一指标一再降低，到目前为止已经降了三四次了，其中还包括最近的一次。我很高兴看到工作有所进展，但是我们现在对飞机的需求比之前更为迫切。

生产时间	实际数字（架）	计划数字（架）
1941 年 12 月	55	79
1942 年 1 月	81	91
1942 年 2 月	81	103
1942 年 3 月	104	130
1942 年 4 月	127	149

1942 年 5 月 8 日

首相致陆军大臣、帝国总参谋长和生产大臣：

1. 重要的是尽快将每支步枪的练习子弹从六十发增加到一百发。此事应在 6 月中旬实现。目前情况严峻，应尽一切努力排除困难。

2. 目前做了何种训练安排？国民自卫军可用弹药有多少？当前情况艰苦，建立后备比对其加以训练重要得多。现在已经做了何种安排？随着情况的改善，之后建议做哪些安排？请报告给我。

3. 国民自卫军的规定人数是一百七十万。而我最近收到的数字是一百四十五万，其中仅有八十四万人持有步枪。当然，没有枪的士兵会接替有枪的士兵作战，因而他们都应接受训练，但重点是受过射击训练的人数应与发放枪支数量相等。请告诉我，关于此事有何方案。

4. 虽然美国正在大量生产零点三英寸步枪子弹——比如说，3 月份就能生产三亿一千九百万发——但我仍认为，我们应当多生产一亿发子弹，以便增加国民自卫军持有的子弹数量并供练习之用。我愿为此而努力。

5. 请作一份国民自卫军装备的统计表给我，写明包括步枪、美国制的机关枪和冲锋枪，以及诸如此类他们可能会获取的英国制武器的

数量。据我推测，每两到三人会持有一挺机关枪，而每人持有一支步枪，对吗？再者，国民自卫军有多少支运动步枪和鸟枪？有多少人没有任何武器？我们不能因目前并未面临明显的入侵威胁就对防务中的这一重要因素的整体情况不管不问。

1942 年 5 月 8 日

首相致陆军大臣：

1. 如今，防空司令部面临的最大问题就是人员问题。如果我们能找到其他方法为这些武器配置人员，那么我们似乎没有理由维持二十八万人的兵力坐等一次或许永远都不会发生的袭击。我了解到，国民自卫军绝不可能在工作时间派出人员来操纵所需武器。因此轻型高射炮团必须由职业士兵操纵。但我确信，火箭炮和重型防空探照灯可以全部或部分地以不同比例由国民自卫军和妇女本土防卫辅助服务队操纵。混合炮队计划现在进展如何？我听说，妇女自愿投效的人数尚不足。

2. 应当请求派尔将军声明国民自卫军和妇女本土防卫辅助服务队人员人数的最高限额，并请他估计一下，如果人数已达到最高限额，他可以匀出多少人手加入野战军。通过此类人员交换，我们到那时可检验各种方式和方法。在调出人员和用一定数量的非熟练人员取代熟练人员方面，他曾起过重大作用。

1942 年 5 月 10 日

首相致海军大臣、第一海务大臣和第五海务大臣：

急需在最短时间内将最大数量的"燕子"式和"海上旋风"式战斗机送交萨默维尔海军上将，并让他在认为最恰当的时机加以使用。请告诉我，你们能做些什么，并附上时间表。

1942 年 5 月 12 日

首相致外交大臣：

在我看来，我们对土耳其的政策如下：

1. 在今年夏季，或在苏联战役形势更加明朗化之前，我们可做的事情不多。对于土耳其人，除了要求他们设法阻挡敌人入侵之外，我们也不会再多作要求。但是，一旦苏联前线的战斗于冬季陷于停顿，我们就应立即做出努力，为此我们必须着手准备，将大量的坦克、反坦克炮和高射炮交给土耳其人。届时，美国的军火将大量涌入英国，而我们自己的军火产量也将增加。上述美国提供的军火数量庞大，因而匀给土耳其一千辆坦克、一千门反坦克炮和高射炮应该不会有困难。当然，大部分匀给土耳其的军火都是老式的。

2. 如果我们照这种规模筹备计划，并从 11 月开始交付，这一许诺就可以让土耳其人在夏季保持中立。这些武器全部运到之后，他们就能在冬季训练军队，在明年春季便会成为我们的同盟国。

3. 如果你赞成这一政策，那么我们就向我们的生产部门和美国方面提议。

1942 年 5 月 13 日

首相致飞机生产大臣：

1. 根据你最近的统计表，你有一千七百九十七架飞机"正在筹备当中"。这些大概是那六百四十九架飞机之外的计划，而且会在四天之内完成。目前，飞机短缺状况十分严重。对你而言，提前完成这批缺少各种零件的后备飞机的时候已到。

1940 年，比弗布鲁克勋爵曾对空军后勤部队的飞机进行了彻底的分析和检查，这为我们提供了很大的便利。我们现在需要让前线拥有更多的飞机。请着手准备，尽力完成。

2. 因此请你向我报告：

（1）六百四十九和一千七百九十七这两个数字，在过去两年中以每周生产情况看，相应的每周生产数量各是多少；

（2）请你提交一个方案给我，以在 7 月 15 日提前将一千七百九十七架飞机中的五百架组成机队。国内皇家空军有一些富余零件，现在很可能用不上，这些零件必定能使若干飞机起飞。有人告诉我说，这些零件尤其能让"勇士"式战斗机提前完成，而这种型号的飞机正是我们迫切需要的。你手中有二百八十架该型号的飞机。请另作一份报表给我，说明为何一百架最有希望完成的"勇士"式战斗机计划受阻。

3. 我想你对各种型号的飞机都有准确记录，也能精确地说出，如果让其中某型飞机加入战斗，其所缺少的零件是什么。如果有，请将这份记录交给我过日。如果没有，你应当作一份。关于那三百六十三架"韦林顿"式飞机的情况，你无须再作说明，我已知晓。

1942 年 5 月 13 日

首相致外交大臣：

1. 我们无须收回说过的话。不过事实仍是：如果土耳其在 1942 年夏季或秋季受到攻击，我们实际上没有军队可以派往土耳其进行支援；即便我们有大量军队，叙利亚也不会将其境内的交通线借给我们供调兵之用。不过，事到临头，我们无疑要采取一些措施。

2. 我们已承诺过在夏季和秋季拨给土耳其少量的军需品，如果物力允许，我们应当竭力履行。

3. 我的想法是，对土耳其人提供大量援助，并从 11 月起实行。我不建议实施经由联合分配委员会提出来的那项政策，而是要说服美国总统，让他与我一同对土耳其做出保证，如果他们与其他国家能够平安度过今年夏季，我们就给他们这样的希望：到 1943 年春季，他们的地位可以得到加强。如果我们在那些地区的工作进行得顺利，我所提出的一些方针可能会在鼓励土耳其度过今后令人焦虑的数月，并让它在 1943 年参战一事上发挥重要作用。

1942 年 5 月 15 日

首相致外交大臣和军事运输大臣：

美国方面分配给我们七十艘油船，我们是否已对其适当地表达了谢意？在我看来，鉴于他们自己的损失，他们的这种做法非常慷慨。各部门当然要表达谢意，但是，在我致总统的函电中是否也应提一下？若是应当如此，请把资料交给我。

1942 年 5 月 17 日

首相致海军大臣和第一海务大臣：

1. 伊瓦特博士已就一艘航空母舰的事情向我发出极为强烈的请求。我们当然承诺过要把"赫尔米兹"号给他们，但是在我们赠送给他们之前，该舰在执行我们的任务时被击沉。你现在告诉我，他们说过他们并不想要这艘航空母舰。但你可曾看过伊瓦特博士收到的柯廷先生的长电？在那封电报中，他强调需要两艘航空母舰。我小心翼翼，避免做出哪怕是最起码的保证，但是我一直在考虑是否可以把"狂暴"号交给他们。请你告诉我，对于这艘舰你有什么计划？

2. 为何"胜利"号现在需要重新装备？它在舰队中才待了多久？我认为一年的时间都不到。是什么性质的缺陷让它非得在这样的紧要关头退役？我知道，美国人已把"黄蜂"号撤走，而且撤走这艘航空母舰会让我们的处境更加艰难。"黄蜂"号自然是被调去支援太平洋。我们必须考虑我们同澳大利亚的长远关系，如果我们在其防务中连半分力气都没出的话，那对帝国的前途似乎极为不利。

1942 年 5 月 17 日

首相致海军大臣和第一海务大臣：

现在加勒比海有何事发生？护航制度是否已如约于 15 日实行？

1942 年 5 月 17 日

首相致伊斯梅将军：

1. 应提供一个中队的战斗机——即十六架飞机。用型号较老的飞机也可以。需要拨去更多的三点七英寸口径的大炮和双管自动高射炮。我们肯定有一些老式的轻型坦克，这些坦克将在非洲（中部）的战争中派上用场。请你报告一下，手头有什么武器可用。不久前，我们肯定不缺反坦克步枪，但缺子弹。你确定能够弄到不下于六十支这种步枪吗？

2. 另一方面，如果我从比利时处得不到组建军队的明确表示，我绝不会将这些武器交给他们。我的儿子曾在利奥波德维尔逗留过一周，他给我写了一封信，现附上这封信的摘要。似乎很有必要将数名比利时军官调往刚果。我们在刚果至少应组建四个旅。他们可驻扎在非洲的西海岸、东海岸、马达加斯加，如果战争进一步向东转移的话，他们甚至可以前往那里服役。

1942 年 4 月 28 日，伦道夫·丘吉尔致首相的信件摘要：

"所有对战争最为关注的比利时人，对于为何比利时军队全部被留在英国一事都大惑不解。他们说，仅需几百名军官，他们便能组建起一支数量庞大的本土部队。在后勤工作和拓展军事工业方面，白种人的职员紧缺。他们认为，比利时政府现正设法在英国建立一支庞大的军队，此举纯粹是为了树立威信。因此，他们甚至把那些在刚果自愿投军的比利时青年立刻运往英国。"

1942 年 5 月 18 日

首相致伊斯梅将军，转参谋长委员会：

印度洋上 1942 年的秋季战役

1. 我们最迟应在 7 月 7 日于基林迪尼集结东方舰队，并让其于 7 月 15 日抵达科伦坡或（和）亭可马里。为保护和方便舰队在这两处停泊，应当紧急对防空飞机、战斗机、鱼雷飞机、停船设备等做出安排。

2. 不应因为其中包括四艘"皇家"级战列舰就阻止四艘现代化军舰和三艘航空母舰开赴锡兰港。否则，我们将会看到另外一个实例：它们由于战斗力弱，性能陈旧，不但对我们的作战毫无帮助，实际上还成为我们的累赘。如果这些军舰以迪戈苏瓦雷斯为根据地，

因为该地距离敌军甚远，且锡兰建有强大海军，就能为运输船队提供沿途保护。在锡兰做好接待这些军舰的准备后，它们便可随时前往该地。

3. 我们必须要抵制诱惑，不要分散我们在科伦坡和亭可马里之间的防空力量。所有必需物资仅供一个港口使用，而另一个港口则使用尚待改进的设备。我们必须决定究竟选用哪个港口。我们在锡兰拥有一个无敌防御基地后才能供应阿杜岛。我们须牢记苏格兰的谚语："好房子得有好陈设。"

4. 至于在基林迪尼和迪戈苏瓦雷斯之间，防空设备应优先供迪戈苏瓦雷斯使用，应将这一港口发展成为一个要塞，以抵御任何形式的攻击，而且还应将其宣传得更强大些。由于日本人不大可能袭击迪戈苏瓦雷斯或马达加斯加岛的任何地方，按参谋长委员会的建议，当地部署的军队和设备必须全都保持次等水平。

5. 东方舰队总司令的任务是"阻止日本人前往孟加拉湾活动，除非日本兵力更占优势"，这项任务已在海军部（的训令）中写明。我们应当坚持完成这一任务，并使其他想法与这一任务相符。

6. 日本人似乎不大可能派遣一支强于东方舰队（减去四艘"皇家"级战列舰）的远征军前往印度洋。其在主力舰和航空母舰方面的实力有限，所以他们不得不极其谨慎。他们似乎并不急于与和东方舰队（即使减去四艘"皇家"级战列舰，还是强大的）交战，如果——也只是如果——（1）我们的航空母舰配备的全都是"燕子"式或其他快速战斗机；（2）我们尽可能地保持在以海岸为基地的鱼雷飞机的航程之内。假如双方舰队在战斗中的损失完全相等，那么这一结果对于日本方面而言就是一场无法挽回的灾难。迄今为止，日本人的战略没有丝毫迹象显示，他们愿以其战列舰队的任何一部分来冒险。他们在侵入孟加拉湾时，行动十分谨慎。他们在珊瑚海作战之后放弃了远征，这表明他们在航空母舰方面遇到的问题十分严重。因此，日本除了派出一个分遣队与我们交战之外，我们无须担心他们会企图在印度洋上与我们一较高下。如果他们派主力舰队出战，那么对他们来说可是最冒险的决定。

7. 我们应尽力使以海岸为基地的飞机（侦察机、轰炸机和鱼雷飞机）数量达到最高限额，以便在孟加拉湾有战事时用以保护东方舰队，并在与敌人以海岸为基地的飞机交战时占据绝对上风，我们认为，敌军定会在孟加拉湾的敌占区内建立这样的空军部队。到9月底，我们应设法在那里建立一支海空联合部队——不但要足以阻止敌军从海上入侵印度，而且还能使我们自己单独开展海外行动。同在其他战场一样，如果我们能在这个战场迫使敌人进行空战，就算是以损失我方飞机为代价也是合算的。

8. 是否全力增援印度，要看在利比亚、高加索和澳大利亚的战争是否顺利而定。然而，假定战事进程并非对我们不利，那么除第二师和第五师之外，我们就应该再派遣第八装甲师和至少一个英国步兵师于9月底到达印度。如此，韦维尔将军手上就会有第七十师、第二师、第五师、第四十五师以及第八（装甲）师，连同英印集团军和驻防军的四个师，共计九个师。因此，到10月，条件便允许其对在缅甸的日军发动总攻。

9. 因此绝对有必要从现在就开始计划本次进攻，而且随着形势的变化，尽力促其实现。必须在当地准备好登陆艇，并从本国派去一部分。在其他地区需要的前提下，必须最大限度地集合英国和美国的空军增援。袭击日本的交通线可能对中国的继续抗战至关重要。形势的演变完全证明我们的判断是正确的，即进攻重庆是日本人的首要目标（当然是除了苏联之外的首要目标），但这要以西方战争的发展为转移。我们为自己在1942年秋季和冬季定下的目标是：以英国陆空两军从毛淡棉到阿萨姆一线对日军发起总攻。

1942 年 5 月 18 日

首相致外交大臣：

电报似乎愈来愈长。在你发出警告之后，曾一度有所改进。这些长篇电报的加密和解密极其浪费时间和精力。我十分理解，他们

都希望以增大敌人工作量的方式支援战斗。但实际上，他们却帮了倒忙。

1942 年 5 月 19 日

首相致外交大臣：

我十分理解，因为当前不愉快的情况，我们在奥兰、达喀尔、叙利亚和马达加斯加袭击法国人时，他们所做出的抵抗行为。但是，他们在海上很远的地方无缘无故地袭击我方飞机一事①，原因并不在此。我们向来不承认他们有关二十英里领海的通告，何况这一次可能还是在这一范围之外。对于这个问题不能采取一些办法吗？

1942 年 5 月 19 日

首相致彻韦尔勋爵：

请将过去数月送交于我的每周报表中，将本土空军的消耗总数同每周输出的新制飞机和修竣飞机的总数并排列为两栏。如果清楚数量的话，便在第三栏中列出输往苏联和东方以及其他国家的飞机总数；在最后一栏列出从总制成数中（新制的和修竣的）减去消耗和输出后在本国的结余数字（如果有结余的话）。

1942 年 5 月 22 日

首相致生产大臣和工程与建筑大臣：

我今天乘车经过伦敦南部时，见到了许多被空袭损坏的私人房屋，其结构看上去都还算完整，但未经修理，也不能居住。鉴于一定数量的人口将由国外抵达，我们需要所有可以居住的房屋，而且看来还应在这方面采取有力政策，以缓解住房情况。

请就这种情况的房屋的数量写一份报告给我，并说明你是否认为

———————

① 英军一架"卡塔利娜"式飞机从直布罗陀起飞，进行反潜巡逻时，无故遭到一架法国战斗机的袭击。

能够制定一项有用的政策，以节约劳动力与物资。

1942 年 5 月 25 日

首相致经济作战大臣：

我推荐你去看约翰·斯坦贝克近期写的一本书，书名为《月亮落下去了》，这是今年由纽约瓦伊金出版社出版的。

这本书中的故事写得很好，除此之外，它还特别强调向将被征服国家提供诸如木手榴弹这类简单武器的重要性。这种武器易于隐藏，也易于使用，我认为这一观点十分正确。

1942 年 5 月 27 日

首相致陆军大臣和帝国总参谋长：

1. 我在本周末视察恰特韦尔时，东肯特步兵团直属部队青年军营的一个连被派来保护我。我自然就检阅了该连，并询问了一些与他们的装备有关的问题。他们告诉我缺乏配备轻型机关枪的装甲车，尤其是轻型机关枪短缺。轻型机关枪和配备轻型机关枪的装甲车的产量曾一度非常大。所以我并没有意识到这两种武器会出现短缺。

2. 我也注意到，该青年军营有两种不同型号的李—恩菲尔德步枪。甚至一些排持有的枪支也是这两种型号，各占一半。虽然这两种枪使用的是同一种子弹，但是它们的瞄准器却不同。你们能否给我一份备忘录，说明其他部队是否也有同样情况？

3. 请你们不要去找该连或该营的麻烦，因为提问题的是我，而相关人员回答问题是出于本分。

1942 年 5 月 27 日